Ludwig Bussler

Lexikon der musikalischen Harmonien

Als Hilfsbuch der praktischen und theoretischen Harmonik

Ludwig Bussler

Lexikon der musikalischen Harmonien
Als Hilfsbuch der praktischen und theoretischen Harmonik

ISBN/EAN: 9783743424739

Hergestellt in Europa, USA, Kanada, Australien, Japan

Cover: Foto ©Thomas Meinert / pixelio.de

Manufactured and distributed by brebook publishing software (www.brebook.com)

Ludwig Bussler

Lexikon der musikalischen Harmonien

Lexikon
der
musikalischen Harmonieen.

Als Hülfsbuch
der
praktischen und theoretischen Harmonik
für
den Unterricht und das Selbststudium

bearbeitet

von

Ludwig Bussler.

Berlin SW. (48), 1889.
Verlag von Carl Habel.
(C. G. Lüderitz'sche Verlagsbuchhandlung.)
33 Wilhelmstrasse 33.

Alle Rechte und namentlich das Recht der Uebersetzung in fremde Sprachen vorbehalten.

Vorwort.

Nicht nur eine reichhaltige Beispielsammlung zur Accordbildung unserer Meister, deren beliebige Erweiterung dem Leser durch die Anordnung des Stoffes äusserst leicht gemacht ist, sondern auch ein Hülfsbuch für den Unterricht soll in vorliegender Schrift geboten werden.

Mit Recht wird über Vernachlässigung der harmonischen Analyse im Musikstudium geklagt. Insoweit der Mangel einer dem Wörterbuch im Sprachunterricht entsprechenden Uebersicht der Zusammenklänge daran Schuld ist, soll hier Abhülfe zu schaffen versucht werden.

Um eine derartige Uebersicht herzustellen, braucht man sich nur zu besinnen, dass alle Zusammenklänge aus Intervallen bestehen, und dass diese allgemein gültige Formeln derselben ergeben. Damit ist die äussere Anordnung gewonnen. Auf die mannigfaltig verschiedene innere Bedeutung, welche sich aus dem Zusammenhang des Musikstückes als Beziehung zur Tonart, Chromatik und Enharmonik ergiebt, weisen die Erläuterungen hin.

Um das Buch in knappem Umfang zu halten, sind die Zusammenklänge auf die des Tones c beschränkt worden, aus welchen sich, wie in ähnlichen Hülfsbüchern anderer Lehrfächer, durch eine unschwere Geistesthätigkeit die übrigen herstellen lassen. Dadurch finden zwei vielfach vernachlässigte Geschicklichkeiten, Intervallbestimmung und Transposition, förderliche Uebung. Für die Anwendung der letzteren ist die

„Uebersicht nach dem Quintenzirkel" und die „Transpositionstafel" bestimmt.

Aus demselben Grunde sind die mehr als vierstimmigen Zusammenklänge mit einigen Ausnahmen der Combination aus minderstimmigen überlassen.

Da das Buch im Musikstudium nach Form und Inhalt dieselbe Stelle einzunehmen bestimmt ist, wie das Wörterbuch im Sprachstudium, und da es sich auch hier um das Auffinden von wörtlichen Ausdrücken als Begriffsbestimmungen handelt, hat der Verf. sich der Bezeichnung „Lexikon" bedienen zu müssen geglaubt, wenn auch hier nicht nach dem Alphabet, sondern nach Formeln und Tonhöhen aufgeschlagen wird. Andere Titel erwiesen sich als weder hinreichend bezeichnend noch geläufig. Etymologisch ist ja eine weitere Ausdehnung des Begriffes „Lexikon" ebenfalls nicht unzulässig.

Berlin 1889.

Ludwig Bussler.

Inhalt.

	Seite
Vorwort	III
Einführung	1
I. Die Intervalle	1
II. Die diatonische Tonart	2
III. Die tonale Chromatik	2
IV. Zusammenklang und Zusammenhang	3
V. Dissonanz und Consonanz	4
VI. Enharmonik	6
VII. Einrichtung des Lexikons	7
VIII. Gebrauch des Lexikons	8
Lexikon	10
Uebersicht der Zusammenklänge des Lexikons nach dem Quintenzirkel	91
Transpositionstafel	100

Einführung.

I. Die Intervalle.

Die Intervalle werden durch kleine (arabische) Ziffern abgekürzt: 1, 2, 3, 4, 5, 6, 7, 8, 9, 10 für Prime, Secunde, Terz, Quarte Quinte, Sexte, Septime, Octave, None, Decime; ihre näheren Bestimmungen durch kleine Buchstaben: **r g k v ü dv dü** für rein, gross, klein, vermindert, übermässig, doppeltvermindert, doppeltübermässig.

Da Umkehrungsintervalle in der Harmonik gleiche Bedeutung haben, so werden sie durch gemeinschaftliche Abkürzung, und zwar die des kleineren Intervalles gegeben, wodurch sich die Zahl der Intervalle zweckmässig beschränkt. Eine Ausnahme macht die Quinte-Quarte als tonsystematisches Hauptintervall, welche durch das grössere, vollkommen consonirende Intervall gegeben wird.

Die Reihenfolge der Intervalle, welche dem Gedächtniss einzuprägen ist, wird durch die Genesis des Tonsystems bestimmt und ist folgende:

$$r1$$
$$r8$$
$$r5 = r4$$
$$g3 = k6$$
$$k3 = g6$$
$$g2 = k7$$
$$k2 = g7$$
$$ü4 = v5$$

ü2 = v7
v4 = ü5
v3 = ü6
ü1 = v8
ü3 = v6
dv5 = dü4
dü1 = dv8
dü2 = dv7
dv4 = dü5
dü3 = dv6
dü7 = dv9

Folgen die anderen dv und dü, sowie die drei- und mehrfach v und ü-Intervalle, soweit sie mit Hülfe der üblichen Versetzungszeichen darstellbar sind.

II. Die diatonische Tonart.

Die Stufen der diatonischen Tonart sind ebensoviel harmonische Charaktere und werden als solche durch grosse (römische) Ziffern abgekürzt:

Dur durch: I   II   III   IV   V   VI   VII
Moll durch: I   II   ♭III IV   V   ♭VI VII

Die meisten diatonischen Zusammenklänge sind in mehreren Tonarten heimisch und insofern von verschiedener harmonischer Bedeutung, z. B. d f a c kann in Cdur, Fdur, Bdur, Amoll vorkommen, befindet sich jedesmal auf einer anderen Stufe der Tonart und wird dem entsprechend anders aufgefasst, empfunden und behandelt.

III. Die tonale Chromatik,

d. i. Chromatik innerhalb der Tonart (ohne Modulation), entsteht aus der melodischen Verbindung der diatonischen Stufen der Tonart durch eingeschaltete Zwischentöne. In Dur erhöht sie die I II IV V VI, erniedrigt die II III VI VII, in Moll erhöht sie die I ♭III IV ♭VI, erniedrigt die II und VII. Bezeichnet wird die Erhöhung der tonalen Chromatik durch ♯, die Erniedrigung durch ♭. Es ergiebt sich daraus einschliesslich der tonalen Chromatik die Gesammttonart

I ♯I ♭II II ♯II ♭III III IV ♯IV V ♯V ♭VI VI ♯VI ♭VII VII

z. B. von C:

c cis des d dis es e f fis g gis as a ais b h

In Dur kann ♭III und ♭VI, in Moll III und VI tonal chromatisch vorkommen, z. B. als harmoniefreier Ton ohne eigentlichen Wechsel des Tongeschlechts, in melodisch Moll ist VI aufwärts und ♭VII abwärts im Sinne des modernen Tonsystems tonal chromatisch.

Die Grenzen der tonalen Chromatik sind hier nach der vorherrschenden Schreibart der Componisten gezogen, doch lassen sich im Allgemeinen, wie auch in besonderen Fällen, Gründe sowohl für die Beschränkung als die Erweiterung derselben anführen. Blosse Hülfstöne sind hier als harmonisch bedeutungslos angesehen.

Anmerkung 1. Die Gesammttonart umschliesst ausser Dur, Moll und der tonalen Chromatik auch Moll-Dur (Dur mit kleiner Sexte), Dur-Moll (Moll mit grosser Sexte), die sog. antike Molltonart (aeolische Octavgattung, melodisch Moll abwärts) und jede sonst mögliche diatonische Tonleiterform (Elementarlehre, 4. Auflage, § 36).

Anmerkung 2. Von den Stufen der Tonart verhalten sich die IV, I, V, II *(f c g d)* als Quinttöne, d. i. in der Quintreihe aufeinander folgende; VI, III, VII als deren Terzen. Terztöne, von denen die beiden ersten, abwärts gebildet, auch ♭VI, ♭III sein können; die übrigen als Erhöhungen und Erniedrigungen der tonalen Chromatik, vermuthlich mit der vorherrschenden Bedeutung von Terztönen.

Man kann aber nicht bei dem Unterschied der Terz- und Quinttöne an sich stehen bleiben, da diese sich in der Tonart untereinander wieder, auch für die Empfindung, unterscheiden, die tonische Terz einen andern Eindruck macht, als die Unterdominant- und Oberdominantterz, und gelangt dadurch zu dem obigen Bild der Gesammttonart, welches noch den Vortheil hat, der gewöhnlichen musikalischen Vorstellung, wie sie in der Elementarlehre und Harmonielehre ausgedrückt wird, geläufig zu sein.

IV. Zusammenklang und Zusammenhang.

Es giebt nur einen Ton oder Zusammenklang, der nicht unter dem Einfluss des Zusammenhanges steht: den ersten des Musikstückes. Dieser muss sich nach dem Gesetz der Quintenherrschaft aus sich selbst erklären, alle andern werden daneben durch den Zusammenhang, d. h. durch das Vorhergehende bestimmt. Unter

Umständen gewinnt aber auch das Folgende einen rückwirkenden Einfluss, der durch das Gedächtniss fixirt wird, so dass nachträgliche Andersbelehrung in vielen Fällen der harmonischen Analyse möglich ist. „Ausser Zusammenhang" und „an sich" bedeutet im Folgenden immer: als erster Ton oder Zusammenklang des Musikstückes.

V. Dissonanz und Consonanz.

Es giebt nur drei absolute Dissonanzen, d. h. solche, die in und ausser Zusammenhang dissoniren und jedem Zusammenklang, dem sie angehören, den Charakter der Dissonanz verleihen: den halben Ton, den Zweihalbeton und den Sechshalbeton mit ihren Umkehrungen, dem Elfhalbeton und dem Zehnhalbeton. Der halbe Ton erscheint als **k2**, **ü1**, zweifelhaft als **dv3**, **dü7**, in Umkehrung **g7**, **v8**, **dü6**, **dv9**. Der Zweihalbeton erscheint als **g2**, **v3**, **dü1**, in Umkehrung **k7**, **ü6**, **dv8**. Der Sechshalbeton erscheint als **ü4**, fraglich **dü3**, in Umkehrung **v5** (**dv6**).

Die anderen Dissonanzen sind relativ und bedürfen zum Dissoniren des Zusammenhanges oder des Zusammenklanges mit anderen Tönen. Sie lassen sich durch einseitige enharmonische Verwechselung in Consonanzen verwandeln:

> **ü2**, **v7** in **k3**, **g6**
> **v4**, **ü5** in **g3**, **k6**
> **ü3**, **v6** in **r4**, **r5**
> **dv5**, **dü4** in **r4**, **r5**
> **dü2**, **dv7** in **g3**, **k6**
> **dv4**, **dü5** in **k3**, **g6**
> **v2**, **ü7** in **r1**, **r8**.

Consonanzen können durch den Zusammenhang auf andere Intervalle bezogen, einer Auflösung bedürftig, also dissonirend werden. Bei der **r4** ist dies vorherrschend der Fall, weshalb sie in der Compositionslehre vorherrschend als Dissonanz behandelt wird. Solche Dissonanzen heissen Dissonanzen des Zusammenhanges.

Missklang, Kakophonie, ist eine unverständliche Dissonanz, ein relativer auf das Ungeschick des Componisten oder die mangelnde Auffassungsgabe des Hörers bezogener Begriff. Die Dissonanz als Widerklang löst sich auf, die Kakophonie als Missklang wird berichtigt.

Anmerkung. In der Accordbildung ist unverständlich, was sich in der musikalischen Wahrnehmung nicht analysiren lässt, d. h. dessen Bestandtheile sich nicht in deutlich wahrnehmbare Beziehung zu einander bringen lassen. In einem Zusammenklang z. B von zwei grossen Secunden ausser Zusammenhang (vgl. IV) und in engster Lage kann das Ohr die Quint- und Terzbestimmung der Töne nicht unterscheiden, empfindet deshalb den Zusammenklang als unverständlich und, da er dissonirt, als Missklang. In dieser Lage würde sich z. B. der Zusammenklang c d e befinden.

Tritt aber solcher Zusammenklang in einen Zusammenhang, der die Bedeutung seiner Bestandtheile vorher feststellt, so tritt die erwähnte Unverständlichkeit nicht ein, und der an sich unzulässige Zusammenklang wird zulässig, wie ja zwei grosse Secunden im Zusammenhang nicht selten sind und sich schon im strengen Satz (Palestrina) finden.

Der Zusammenklang derselben Töne kann aber auch ausser Zusammenhang verständlich und zulässig werden, wenn seine Bestandtheile eine Veränderung ihrer gegenseitigen Lage erfahren, versetzt und umgekehrt werden. Ordne ich z. B. zwei grosse Secunden in eine kleine Septime und grosse None, c d e in d c e, so schwankt das Ohr nicht, in ihnen zwei Quinttöne und einen Terzton zu erkennen. Das Gleiche geschieht bei der Ordnung in Terz und None, e c d, in Septime und Terzdecime, e d c. Hier sondern sich die Klänge durch die grössere Entfernung und das Uebergewicht des Basses in der Analyse und gewinnen eine verständliche Beziehung des obersten zu den zusammengefassten beiden tieferen Tönen.

Noch auffallender ist dies beim Zusammenklang von drei grossen Secunden zu beobachten, wie f g a h. Diese wirken an sich missklingend, nicht aber bei gehöriger Einführung im Zusammenhang, wofür sich im Andante der Cmollsymphonie das Beispiel des es f g findet, welches harmonisch-melodisch als kreuzende Terzengänge und coloristisch durch die Klangverschiedenheit der Blasinstrumente verständlich ist, also nicht missklingt, sondern dissonirt (widerklingt). Auseinandergezogen werden aber auch drei grosse Secunden an sich verständlich, f g a h z. B, als f g h a, g h f a, h g f a, f g h a.

Dem Unverständlichen verwandt ist das Missverständliche, welches einer anderen Auffassung, als der des Componisten, ausgesetzt ist, z. B. der Anfang es f as h, der ausser Zusammenhang nach dem Gesetz der Vorherrschaft der Quinte als es f as ces aufgefasst wird. Der Componist hat gemeint, drei Terztöne es, as, h mit dem Quintton f in Cmoll zu verbinden, der Hörer nimmt aber es und as als umgekehrte reine Quinte aus Quinttönen, verbindet mit diesen f als grosse Secunde, d. i. zweite Quinte von es, hört das geschriebene h als ausfüllende kleine Terz in as ces es und bildet so den Nebenseptimenaccord es f as ces in Esmoll.

Dass nachträgliche Andersbelehrung in solchen Fällen zuweilen zulässig ist, hat seine Analogie in der Sprache, in welcher auch ein Casus oder Tempus nachträglich anders bedeutet, ein Nominativ zum Accusativ, ein Präsens zum Praeteritum werden kann. Zweifelhafte Fälle beruhen darauf, dass der Zusammenklang an sich tonartbildend werden kann. Dies geschieht, wenn der Zusammenhang sich für die feste Bestimmung der Töne zu schwach erweist. Hier zeigt sich also ein Streit zwischen Zusammenhang und Zusammenklang in ihrer Berührung, der seinen Ausdruck in mannigfaltig verschiedenen, auch widersprechenden Erklärungen findet. So scheint z. B. der Zusammenklang *d fis a c* im Pilgerchor des Tannhäuser, Es dur, seiner Einführung nach tonal chromatischer Septimenaccord auf der siebenten Stufe zu sein. Da er aber drei Quinttöne der Tonart G enthält *(c d a)*, so scheint er diese so festzustellen, dass man an eine momentane, gleich wieder zurückgenommene Ausweichung in diese Tonart denken kann. Ob sich ein Streit darüber jemals schlichten lässt, ist zweifelhaft. (Vgl. Lexikon Nr. 12, 14 u. v. a.)

VI. Enharmonik.

Die Idee bestimmt in der Kunst nicht allein Auffassung und Wahl des Gegenstandes, sondern auch Herstellung und Ausbildung des Materials. In der Musik leitet sie das Tonsystem von der Identität, Gleichheit und Aehnlichkeit der Töne bis zum Quintenzirkel, den sie trotz des in Zahlen darstellbaren Widerstrebens der Natur durch Ausgleichung des Grössenunterschiedes zwischen diatonischem und chromatischem halben Ton in sich abschliesst. Darin bewährt sie ihre Macht über natürlich sinnliche und abstrakt verständige Einseitigkeit.

Hieraus folgt aber keineswegs Gleichbedeutung enharmonischer Verwechselungen, sondern die tiefere Begründung des Unterschiedes gleicher Zusammenklänge durch die harmonischen Beziehungen des Tonsystems an Stelle der bloss äusserlichen durch die dem Zufall unterworfenen kleinen und schwankenden Höhenunterschiede.

Die Enharmonik als eine Umdeutung der Tonverhältnisse ist dadurch, wenn auch nicht eingeführt, doch im modernen Tonsystem bedeutend erleichtert. Da sich eine feste Grenze derselben nicht ziehen lässt, so sind im Lexikon bei den zwei-, drei- und vierstimmigen Zusammenklängen die Nummern ihrer enharmonischen Verwechselungen angegeben.

Anmerkung. Es ist eine falsche Ansicht, die schon in der Elementarlehre durch die Beziehung gleicher Accorde auf verschiedene Tonarten widerlegt und von den gegenwärtigen Bestrebungen der harmonischen

Theorie bekämpft wird, dass die gleichgeschriebenen und in unserem Tonsystem gleichklingenden Accorde gleiche harmonische Bedeutung haben, d. i. in der Auffassung gleich empfunden werden. Vielmehr macht das Ohr in der Analyse des Zusammenklanges mit Bestimmtheit den Unterschied zwischen Quint- und Terztönen, der bereits der Rameau'schen Theorie zu Grunde liegt.

Nehmen wir den anscheinend die Tonart am zuverlässigsten feststellenden Septimenaccord aus grosser Terz, reiner Quinte, kleiner Septime (*g h d f*), der nach seiner nächstliegenden diatonischen Bestimmung Dominantseptimenaccord genannt wird, und in dieser Bestimmung aus drei Quinttönen. V II IV, *g d f* in Cdur, und einem Terzton, *h* in Cdur, besteht. Derselbe Accord findet sich aber auf der Wechseldominante, II, *d fis a c* in Cdur (vgl. Harmonielehre 2. Aufl. S. 173 ff. und näher: Partiturstudium, Modulation S. 128 ff., 345), und besteht hier aus zwei Quinttönen, II I, *d c*, einem diatonischen Terzton, VI, *a*, und einem erhöhten Ton der tonalen Chromatik, ♯IV, *fis*. In dem bekannten Nocturn in Fisdur von Chopin findet sich der Accord *d fis a c* auf der Unterdominante von Amoll und besteht hier aus zwei Quinttönen: IV I, *d a*, einem diatonischen Terzton: ♭III, *c*, und dem in Moll chromatisch erhöhten Ton ♯VI, *fis*. Obgleich diese Accorde in unserem Tonsystem gleich klingen, unterscheidet das Ohr dieselben nach ihrer Beziehung in dem gegebenen Zusammenhang, und die übliche musikalische Sprache erklärt sie durch die Begriffe der harmonischen und harmoniefreien Töne. Im Dominantseptimenaccord bezeichnet sie alle Töne als harmonisch, im Wechseldominantaccord die Terz als harmoniefrei, in dem Chopin'schen Accord den scheinbaren Grundton als harmonisch, die Terz, Quinte und Septime als harmoniefrei.

Ebenso zuverlässig unterscheidet die musikalische Auffassung in den Fällen, wo Componisten aus irgend einem zureichenden Grunde Accorde enharmonisch umschreiben, z. B., was besonders häufig geschieht, den übermässigen Sextaccord als Dominantseptimenaccord schreiben (Beispiele siehe Partiturstudium, Mod. S. 109 f., 131. Nr. 318,. etwa *d fis a his* meinen, aber *d jis a c* schreiben. Auch dieser Accord klingt in unserem Tonsystem den obigen gleich, aber die unbewusste Analyse des Ohres erkennt in ihr einen Quintton (*fis*) und drei Terztöne (*d a his*), gewöhnlich ♭VI I ♭III ♯IV, selten ♭II IV ♭VI VII. Diese Erkenntniss ist eine unmittelbare, sich im Gefühl als Neigung der Töne zu anderen darauf folgenden geltend machende.

VII. Einrichtung des Lexikons.

Im Allgemeinen ergeben die Intervallverbindungen des Lexikons zwei Zusammenklänge, die sich gegenseitig als Verkehrung (Gegenbewegung) verhalten, z. B. r5 g3 k3 aufwärts *c e g*, abwärts *g es c*.

Lässt sich aber eine Intervallkombination als Folge von gleichen Intervallen darstellen, wie k3 k3 ü4 in kleinen Terzen, z. B. *gis h d*, oder als eine auf- und abwärts gleiche Folge verschiedener Intervalle, wie r5 r5 g3 k3 k3 g2 in k3 g3 k3, z. B. *e g h d*, so ergiebt sie nur einen Zusammenklang.

Die Uebertragung der Intervallcombination in Töne ist zuerst nach der Reihenfolge der Intervalle (Seite 1) gegeben, dann aber auch in näherliegender Form und in der Form der „Uebersicht nach dem Quintenzirkel", um den Gebrauch dieser zu erleichtern.

Bei Anführung von Werken in zusammengesetzter Sonatenform ohne Opusziffer ist zur Unterscheidung von andern in gleicher Tonart die Taktart des ersten, zuweilen aller Sätze angegeben.

VIII. Gebrauch des Lexikons.

Erstes Verfahren. Will man einen bestimmten, zwei-, drei- oder vierstimmigen, sei es selbstgebildeten oder vorgefundenen Zusammenklang aufschlagen, so zieht man die Intervalle aus und ordnet sie nach der hier unter I gegebenen Reihenfolge. Unter dieser findet man im Lexikon entweder nur einen Zusammenklang, der dann dem gesuchten entspricht, oder zwei, durch **A)** und **B)** gesonderte. Von diesen findet man den entsprechenden, wenn er nicht zufällig angeführt ist, durch Transposition.

Will ich z. B. *eis fisis cis* aufschlagen, so ziehe ich die Intervalle g2 *(eis fisis)*, k6 *(eis cis)* gleich g3 *(cis eis)* und v5 *(fisis cis)* gleich ü4 *(cis fisis)* aus, also g2, g3, ü4. Dann ordne ich sie genetisch in g3, g2, ü4 und finde unter dieser Combination im Lexikon Nr. 174 **A)** *c e b*, **B)** *c e fis*. Von diesen erkenne ich durch Transposition in dem zweiten den gesuchten: *eis fisis cis* gleich *e fis c* gleich *c e fis*.

Zweites Verfahren. Man ordnet den gesuchten Zusammenklang nach dem Quintenzirkel. Dann setzt man statt des ersten Tones den Ton *c* und transponirt die folgenden dementsprechend. Die gefundene Tonreihe schlägt man in der „Uebersicht nach dem Quintenzirkel" auf und findet dort die Stelle im Lexikon angegeben.

eis fisis cis z. B. ergiebt nach dem Quintenzirkel geordnet: *cis eis fisis*. Setzt man *c* für *cis*, so ergiebt die Transposition *c e fis*, welches man in der Uebersicht findet und darnach im Lexikon unter 174 B aufschlägt.

Ungeübte bedienen sich dazu der „Transpositionstafel", welche am Schlusse gegeben ist.

Mehr als vierstimmige Zusammenklänge werden immer nach dem zweiten Verfahren gesucht. Finden sie sich nicht in der „Uebersicht", so müssen sie aus minderstimmigen combinirt werden.

Lexikon.

Nr.
1. **r1, reine Prime,** *c c*, Einklang, Unisono, ist die Identität der Tonhöhe, derselbe Ton an derselben Stelle des Tonsystems, harmonisch an sich ohne Bedeutung, für Schall und Klang als Verdoppelung wichtig, als solche auch auf die harmonische Bedeutung gelegentlich einwirkend. Enharmonische Verwechselung *c his*, Nr. 318.

2. **r8, reine Octave,** *c c*, ist die Gleichheit des Tones, derselbe Ton an verschiedenen Stellen des Systemes, harmonisch an sich ohne Bedeutung, für Schall und Klang als Verdoppelung wichtig. Diese kann auf die harmonische Bedeutung einwirken, wie z. B. im Vorspiel von Schubert's „Am Meer" das dreifache, den Bass, die Mitte und die Höhe beherrschende *c* sich als Grundton bestimmt. In dem Tonchaos, welches dem Tonsystem vorangeht, bilden r1 und r8 die ersten festen Punkte, können aber kein System begründen, weil sie immer denselben Ton ergeben. Enh. *c his*, 318.

3. **r5, reine Quinte,** *c g*, ist das Intervall der Tonhöhenverwandtschaft, -ähnlichkeit, das erste tonsystematische, dem Tonsystem zu Grunde liegende Intervall, welches daher auch nach beiden Seiten sämmtliche Töne in endloser oder im Kreise (Quintenzirkel) beschlossener Progression zu Tage bringt. — 1) In der harmonischen Analyse, sei es des Zusammenklanges, sei es der Fortschreitung, ist stets die Quinte zuerst zu berücksichtigen oder festzustellen, bei ihrer Abwesenheit sind die vorhandenen Intervalle auf sie zu beziehen. — 2) Die r5 ist vollkommene Consonanz d. h. eine Consonanz, die nicht alterirt werden kann, ohne ihren

Charakter einzubüssen und Dissonanz zu werden (*c g* Cons., *c gis. c ges* Diss.), sie ist demnach schlussfähig, kann aber — 3) wie jede andere Consonanz durch den Zusammenhang Dissonanz (d. i. auf eine andere Consonanz bezogen) werden. Bach: wtp. Kl. zweiter Theil, Nr. 20, Takt 8, *f c, c g*, 14, 15, da, *c g* und auch sonst sehr oft. — 4) Unter den Quinten gehen diejenigen voran, welche unmittelbar der Quintenreihe des Tonsystems entnommen sind, also aus zwei Quinttönen desselben bestehen, in der Tonart sind dies die tonische, die Oberdominant- und Unterdominant-Quinte, die Quinten I, IV, V. Diese werden bei der Analyse bevorzugt, für dieselben entscheidet sich in zweifelhaften Fällen das Ohr. Beginnt z. B. ein Musikstück, wie Chopin's Hmoll-Scherzo, mit dem kleinen Septimenaccord, so wird dieser nicht als dissonirender Hauptseptimenaccord Dur VII, sondern als Nebenseptimenaccord Moll II aufgefasst, weil in letzterem die reine Quinte aus zwei Quinttönen, in ersterem aus Quint- und Terzton besteht. — 5) In Dur giebt es ausserdem die aus Quint- und Terzton bestehende r5 II (in C: *d a*) und die aus Terztönen bestehenden III, VI (in C: *e h, a e*, in Moll ♭VI *as es*). — 6) Die reinen Quinten der tonalen Chromatik (Chromatik innerhalb der Tonart) sind wohl als aus Terztönen bestehend anzusehen, ausgenommen ♭VII (in C: *b f*), weil diese in Folge der Quintgeneration des Tonsystems der nächsten Tonart des Quartenzirkels anzugehören scheint, und dann aus zwei Quinttönen (der Unter-Unterdom. und der Unterdom.) besteht, oder aber, wenn man ♭VII als k3 von V betrachtet, aus einem Terz- und Quintton. Die Quinten der tonalen Chromatik sind: ♯I (*cis gis*) ♭II (*des as*, im sog. neapolitanischen Sextaccord alltäglich) ♯II (*dis ais*) ♭III (*es b*, in der Harmonie der melodischen Molltonleiter abwärts, der äolischen Tonart, häufig) ♯IV (*fis cis*) ♯V (*gis dis*) ♭VII (*b f*, worüber oben; vgl. Liszt, Hmollsonate, S. 18, *d [f] a* in Emoll) VII (*h fis*, zuweilen; besonders deutlich: Mozart, Don Juan, Sextett, unmittelbar nach dem Cmollschluss der Donna Anna, nachher öfter. Wagner, Tannhäuserouv., Takt 12, *dis [fisis] ais [cis]* von Edur zu Edur). Jede r5 ist also in 15 Tonarten möglich, *c g* z. B. in den Gesammttonarten C, Ces, H, B, BB, A, As, G, Ges, F, Fes, Es, E, Des, D. — 7) Das Verbot der Quintenfolge

3. (falscher Quinten) gründet sich auf den Widerspruch, dass gleichsam Dasselbe gleichzeitig in verschiedenen Tonarten erklingt. Wo dies nicht der Fall oder ausnahmsweise zulässig ist, fällt das Verbot weg. Dass es in der Schule, anderen ebenso schlechten Fortschreitungen gegenüber, ganz besonders hervorgehoben wird, ist dadurch begründet, dass die anderen sich in höherem Grade von selbst verbieten. — 8) Coloristischer Gebrauch der r5 häufig: Haydn: Jahreszeiten, Takt 4, Symph. Ddur, C $^2/_4$ $^3/_4$ C, Finale, Anf. Mozart: Don Juan, Duett „Là ci darem" $^6/_8$. Beethoven: Pastoralsymph., erster und fünfter Satz; Neunte Symph. Anfang. Wagner: Rheingold, Anfang. — 9) Als melodisches Intervall zu Anfang stellt die reine Quinte aufwärts *(c g)* zwei nächste Punkte des Quinten-Zirkels, also Grundton und Quinte des Dreiklanges mit dem Vorurtheil des tonischen dar; abwärts *(g c)* zwei solche Punkte des Quartenzirkels, also Quinte und Grundton des Dreiklanges mit Vorurtheil des tonischen; als Zusammenklang: Grundton und Quinte des Dreiklanges. (Beispiele für die drei Fälle: „Wie schön leucht't uns der Morgenstern", „Wacht am Rhein", Haydn's Ddursymph. C $^2/_4$ $^3/_4$ C, Finale, *d a.*) — Enh. *c eis* 312, *c fisis* 313, *c eis his* 130.

Die **r4**, reine Quarte,

10) ist als Umkehrung der **r5** wie diese vollkommene Consonanz. Bach, Wtp. Kl., zweiter Theil, Präl. 24, Takt 1, 2, 3, 5, 6, 17, 18, 19, 31 *(h e)*, 38 *(cis fis)*; Mozart, Fdursonate $^3/_4$ $^6/_8$ $^3/_8$ zweiter Satz, Takt 9. Sie bildet einen Bestandtheil des vollkommen consonirenden Accordes. — 11) wird aber Dissonanz, sobald der Bass sich als Grundton geltend macht und seine Consonanzen (Terz und Quinte) über sich verlangt. Dies geschieht aber vorherrschend, woher die Compositionslehre die Quarte im zweistimmigen Satz einfach als Dissonanz betrachtet. — 12) Zweistimmige Quartenfolgen sind ebenso fehlerhaft wie Quintenfolgen, in der Schule verbieten sie sich schon durch die Bestimmung der **r4** als Dissonanz von selbst. — 13) In der Gesammttonart auf I, ♯I, II, ♯II, III, ♭III, IV, ♯IV, V, ♯V, VI, ♭VI, ♯VI, VII, ♭VII, in C: *c f, cis fis, d g, dis gis, e a, es as, f b, fis h, g c, gis cis, a d, as des, ais dis, h e, b es,* jede in 15 Tonarten, z. B. *h e* in H, B, A, As, G, Gis, Fis, F, E, Es, D, Dis, Des, C, Cis. — 14) Als melodisches Intervall zu Anfang stellt die **r4** aufwärts *(g c)* zwei

r5 r5 r5 g3 g3 k3:c g a e fis cis

nächste Punkte des Zirkels, also Quinte und Grundton dar, ist **3.** deshalb das natürlichste Auftaktsintervall des Anfanges. Auch die **r4** „O Haupt voll Blut und Wunden" ist so gemeint, wenn wir uns auch mit der Zeit durch Aneignung der Melodie an das Durgeschlecht gewöhnt haben, diese **r4** als zwei Terztöne zu hören. Abwärts *(c g)* ist die **r4** Grundton und Quinte.

Anmerkung. Historisch entwickelt sich das System zugleich nach harmonischer Verwandtschaft und Umfang, so dass die einfachste Verwandtschaft (**r5 r4**) sich zunächst im kleineren Umfang als Quarte festsetzt, und unter den Gattungen derselben die erste mit dem halben Ton als dem kleinsten Schritt beginnt (dorisches Tetrachord). Das Intervall **r5 r4** findet sich in vorliegendem Lexikon Nr. 3 bis 132 mit zahlreichen Compositionsbeispielen.

r5 r5 r5 r5 r5 r5 g3 g3 g3 k3 k3 k3 k3 g2 g2 g2 g2 **4.** **g2 k2 k2 ü4:** *c g d a e h fis = f c g d a e h = c e g h d f a* Zusammenklang aller Töne der Durtonart, sog. Terzdecimenaccord in vollständigster Form. Durch Dissonanzenhäufung leicht missklingend, aber auf allen Stufen, vorzugsweise der ersten, möglich. *c e g h d f a*, *d f a c e g h* u. s. w. Siebenklang, eigentlich Vorhaltsaccord.

r5 r5 r5 r5 g3 g3 g3 k3 k3 k3 k3 g2 g2 g2 k2 k2 k2 ü4 **5.** **ü4 ü2 v4:** *c g a e h fis dis = c g d a es b fis = f c g d as es h = c es g h d f as.* Zusammenklang aller Töne der Molltonart, vollst. sog. Terzdecimenaccord. Sehr selten, auf I, V und VI wohl am leichtesten darstellbar. Siebenklang, Vorhaltsaccord. Beethoven, neunte Symphonie, Finale, Einleitung des Gesanges: *f a d cis e g b* vor *f a d*, berühmtestes Beispiel.

r5 r5 r5 g3 g3 k3 k3 k3 g2 g2 g2 k2 k2 ü4: A) *c g d* **6.** *a e fis = f c g d a e h = c e g h d f.* Vollständiger sog. Undecimenaccord. Selten. Mozart, vierhändige grössere F moll-phantasie, Andante, Takt 8: *as c es g b des* vor *as c es as c.* Sechsklang, Vorhaltsaccord. — B) *c g a e h fis*, etwa *g h fis a c e, h fis a c e g* u. a.

r5 r5 r5 g3 g3 k3 k3 k3 k3 g2 g2 k2 ü4 ü4 ü1: *c g a e fis* **7.** *cis = es b c g a e = c e g b es a*, kommt durch Anticipation und r5 r5 r5 g3 g3 k3 : c g d e h cis Durchgang in Bach's Matth. Pass. „Sind Blitze und Donner" als *gis h a d dis fis* und *cis a d g gis h* vor.

8. **r5 r5 r5 g3 g3 k3 k3 k3 g2 g2 g2 k2 k2 ü4 ü1:** *c g d e h cis* = *f c g a e fis* = *c e g f a fis* in Bachs Motette „Fürchte dich nicht" *e a cis dis fis a d*, wo *fis a cis dis* Vorhalte zu *e gis h d*.

9. **r5 r5 r5 g3 g3 k3 k3 k3 g2 g2 k2 k2 ü4 ü4 ü2:** *c g d a es fis* = *f c g d as h* (*c a e h fis dis*) = *c g h d f as*. Sechsklang, unvollst. sog. Terzdecimenaccord. Nicht selten.

10. **r5 r5 r5 g3 g3 k3 k3 g2 g2 k2:** Nebennonenaccorde. **A)** *c g d e h* = *c e g h d*. — 1) Schon im XVII. Jahrhundert (Lully) und bei den Contrapunktisten des freien Satzes (Lotti, Bach) häufig. In neuerer Zeit als kraftvolle Vorhaltsdissonanz beliebt. Mendelssohn, Hochzeitsmarsch: *f a c e g*. — 2) Betrachtet man den vierten Ton (*h*) als Dominante, den Dreiklang der drei ersten (*g c e*) als Vorhalt, dazu den fünften (*d*) als Wechselnote, *h g e c d*, als nächsten Accord: *h fis dis h*: Donizetti, Regimentstochter, Lied der Marie: *c f as des es*. — **B)** Dieselben Intervalle ergeben in Verkehrung *c g a e h* = *c es g b d*, wovon das unter 1) Gesagte gilt. Mit dem letzten Ton als Grundton, Dominante der Tonart, bei Beethoven, Neunte Symph., erster Satz: *g f as c es* mit Auflösung nach *g h d f*.

11. **r5 r5 r5 g3 k3 k3 g2 g2 k2 ü4:** **A)** *c g d a fis* = *f c g d h* = *c g h d f*, gewöhnliche Gestalt des sog. Undecimenaccordes, seit Ausgang des XVII. Jahrhunderts alltäglich. — **B)** Verkehrung ergiebt *c g d a es* (*c a e h fis*), Doppel-Vorhalt zum Dmsptacc. Mozart, Duosonate, A dur, $^6/_8$ $^4/_4$ $^2/_2$, erster Satz: *cis gis h d fis* in *cis gis h cis eis*. Ebenso Wagner, Trist., *e h d f a* in *e gis h d*.

Wagner, Trist.

r5 r5 g3 g3 k3 k3 : c g d e b   15

Findet sich auch als Durterz mit Vorhalt des kleinen Sptacc., *h fis a c e* in *h g h d*. Auch *g d a c es* in *g d b b d*.

r5 r5 r5 k3 g2 g2: *c g d a*. 1) Coloristische Quintencombination: **12.** auf Grund von Nr. 25 im Umfang des sog. Terzdecimenaccordes. — 2) *g* als Grundton ergiebt eine gewöhnliche Vorhaltsdissonanz zum Dreiklang: *g d c a* in *g d h g* aufgelöst. — 3) *d* als Grundton eine noch alltäglichere Vorhaltsdissonanz zum Septimenaccord, *d a c g* löst sich auf in *d a c fis*. Durch Modulation besonders wirksam bei Mozart, grosse Cdursymph. Andante, Beginn der Durchführung. — 4) In der Gesammttonart, einschliesslich der tonalen Chromatik, nur auf ♯II, ♯V, ♯VI unmöglich (in C: *dis ais eis his, gis dis ais eis, ais eis his fisis*). Doch ergiebt sich aus der Quintgeneration eine so entschiedene Beziehung zur diatonischen Tonart, dass sich nur die Stufen I, IV, V leichter ergeben, die anderen schwer, vielleicht gar nicht darstellbar sind. Vgl. Einführung V, Arm. Enh. *c g d gisis* 31 B, *c g cisis gisis* 37, *c fisis cisis gisis* 31, *c g a cisis* 92, *c g d eis* 30 B, *c dis ais eis* 30, *c g ais eis* 36, *c a fisis cisis* 96, *c eis fisis cisis* 92 B, *c gis eis cisisis* 246 B.

r5 r5 g3 g3 g3 k3 k2 k2 ü2 v4: *c g e h dis* = *c e g h dis* findet **13.** sich durchgehend in dem kurzen Vorspiel von Bach's Amoll-Klavierfuge: *f a c e gis* aufgelöst nach *fis a h dis*. Kann auch als I III V VII ♯II oder IV VI I III ♯V gelten, d. i. tonischer oder Unterdominantaccord mit übm. Drkl. verbunden, *c e g* mit *g h dis*. Selten wegen der beiden k2.

r5 r5 g3 g3 K3 k3 g2 g2 g2 ü4: *c g d e b (c d a e fis)* = *c e* **14.** *g b d*. 1) Als grosser Nonenaccord nicht selten, in diesem Jahrhundert in zunehmendem Gebrauch (Pst.-Mod.). Auf- und abwärts gleiche Intervalle, daher nur eine Form. — 2) Nebendreiklang mit dopp. Vorhalt, *b d g* — *c e* aufgl. in *b d g b d*. — 3) Nebensptacc. II mit Vorhalt, *g e b d* — *c* aufgl. in *g e b d b*. — 4) Dreif. Vorh. zur Unterdominante *b d* — *e g c* aufgl. in *b d d f b*. — 5) In der tonalen Chrom. möglich auf I?, II (Wechseldominante), ♭III?, III?, IV, V, VI?, ♭VII?, VII?, wo die Fragezeichen auf solche Fälle hinweisen, in denen die Behandlung der Dissonanzen im Accord sich in Widerspruch befindet mit der Behandlung derselben in der Tonart, in denen sich der Accord als unmittelbarer wirksam in der Regel behauptet. Hier wie

14. in Nr. 12 entscheidet die Quintgeneration für die Diatonik und beschränkt bis auf II (Dur) und IV (melodisch Moll aufwärts) die tonale Chromatik. II z. B. in *fis d c e a* vor *g f h d g*, IV in *f a c es g* vor *g h g d f*. — 6) Die None des Nonenaccordes ist meist Vorhalt zum Septimenaccord, ihre Auffassung als solcher oder harmonischer Ton hängt von der Auflösung ab, doch kann man auch die harmonische Behandlung als gleichzeitige Auflösung des Vorhalts und Fortschreitung des Accordes betrachten. (Vgl. Prakt. Harmonielehre, 2. Auflage, Seite 131, § 44, I und Pst. Modulation S. 75 ff, Beispiel für IV, S. 108, Nr. 263, Mendelssohn.) — 7) Die Lagen des Nonenaccordes und seiner Umkehrungen, in welchen die Quintgeneration undeutlich wird, sind missklingend, aber nicht, wenn die None, sogar im Bass, sich als melodischer Hauptton geltend macht. — Enh. *c g d e ais* (als *g d c e ais* vor *g d h d h*), *c g e ais cisis* (etwa *e g c ais cisis* vor *dis fis h h dis*), *c d e ais fisis* (etwa vor *h d e gis h*), *c e ais fisis cisis*, *c fis gis dis ais*, *c d gis ais eis*, *c e fis cisis gisis*, *c a e fis cisis* (etwa vor *h a dis fis dis*), *c g d ais disis*, *c d ais fisis disis* (etwa vor *h d h gis eis*), *c g a dis eis* und andere.

15. r5 r5 g3 g3 k3 k3 g2 k2 k2 ü4 ü4 ü4 ü2 v3 ü1: A) *c g e h b des* = *c e g b h des* = *c a h fis dis ais*. Dmsptacc. mit Vorh. der g7 und k9, Mozart, Don Juan, Takt 14: *a cis e g b gis*, Beethoven, A dursymphonie, Trio, Takt 55, 56: *gis e g b cis a*, wo *gis* oftwiederholter Vorhalt des zweiten Hornes ist, während in dem Mozart'schen Beispiel dieselben Töne sich nur flüchtig berühren. — B) *c g as es fis a* (*c g e h cis ais*) = *c es g a as fis*.

15b. r5 r5 g3 g3 k3 k2 v4 ü1: *c g a e as* = *c e h cis gis*, Tristanvorspiel, siehe Notenbeispiel S. 14: *e h es g d* beim Uebergang von A moll nach Cmoll.

16. r5 r5 g3 g3 k3 k2: *c g e h* = *c e g h*, — 1) als Nebensptacc. I, ♭III, IV, ♭VI bei H. Schütz, Lully († 1687), Lotti und den Contrapunktisten schon häufig, — 2) als Nbsptacc. ♭II berühmtes Beispiel der Eroica I, *a c e f*, das sich nach *h dis a c* auflöst, Fidelio Nr 8, Takt 43, „Morden!" — 3) Tonischer Molldreikl. und Sexte: *d f a b*, Spontini, Vestalin, Takt 12; Berlioz, der fünfte Mai; Liszt, Orpheus, symph. Dicht., mehrmals mit origineller Modulation. — 4) Komisch an Stelle des Dominantsptacc. bei

Weber in dem Liede „Reigen", wo *a cis e gis* für *a cis e g* steht. **16.** weil der elfte Naturton zu hoch ist und so von den ungeschickten Dorfmusikern geblasen wird. — 5) In der Gesammttonart einschl. tonal. Chrom. auf I, ♭II, II, ♭III, III?, IV, V, ♭VI, VI?, ♭VII, VII?, wonach z. B. *c e g h* in C, H, B, A, As?, G, F, E, Es?, D, Des? vorkommen könnte. Die Fragezeichen stehen bei den Tonarten, denen die Accordbildung widerspricht. Enh. *c e h fisis* 74, *c h fisis disis* 237 B, *c a e eis* 61 B, *c a eis disis* 237, *c e eis gisis* 149, *c g gis dis* 35, *c gis dis fisis* 74 B, *c cis gis eis* 61, *c gis eis hisis* 245.

r5 r5 g3 k3 k3 k3 k3 g2 g2 k2 k2 ü4 ü4 ü2 v4: *c g a e fis* **17.** *dis* = *c e g a dis fis*. — 1) Nbsptacc. mit dopp. Vorhalt der letzten Töne; Eroica, Finale, Andante: *as c es f d h*. — 2) *e g dis fis a c* unvollst. Terzdecimenaccord in Moll. — 3) *c e g dis fis a* Duraccord mit drei hrmfr. Tönen.

r5 r5 g3 k3 k3 k3 g2 g2 k2 ü4: A) *c g es b des* (*c d a h fis*) **18.** = *c es g b des* — 1) als Nbnonenacc. bei den Contrapunktisten oft, Bach, Magnificat: *fis a cis e g*. — Mozart, Cdursymph., Finale: *e f g h d*. — 2) Durchg. und Wechselnote zum vrm. Sptacc., Mozart, Gmollquintett, erster Satz: *e g cis a fis*. — 3) Vorhalt der tonischen Terz zum vollst. Dmsptacc., *es g b des — c*. — B) *c g a e fis* = *fis a c e g*; als Nebennonenacc. II: *h d f a c*, Bach. Amollfuge für Klavier. Vorspiel.

r5 r5 g3 k3 k3 g2: *c g a e* = *a c e g*, — 1) als Nbsptacc. in **19.** der Gesammttonart einschl. tonaler Chrom. auf I ♯I II ♯II? III IV ♯IV V? ♯V? VI ♭VII VII. — 2) Nbspt. II ⅝ schon im XVI. Jahrhundert, Palestrina, Lassus; später alltäglich, besonders in Cadenzen. II₂: *g a c e*, Schütz († 1672): — 3) Nbspt. III VI unmittelbar hintereinander, Mendelssohn, Elias, *cis e gis h*, *fis a cis e*; sehr zarte Anwendung von VI bei demselben Componisten, Psalm II: *e h d g*, „und ihr umkommet auf dem Wege", — 4) Moll IV: Bach, Emoll-Motette: *e g h d* „mag zerstäuben, zerstäuben"; Mozart, Don Juan, Nr. 2: V IV V: *g b d f* „lascia che mora anch' io". — 5) *h d fis a* als Nbspt. ♯III in G Moll tonal chromatisch mit Auflösung nach *b d g*: Don Juan, Ouv. Takt 10; oft. — Enh. *c g e gisis* 66, *c a e fisis* 60 B, *c ais fisis cisisis* 246, *c eis cisis gisis* 67, *c gis dis eis* 88, *c dis ais fisis* 60.

20. **r5 r5 g3 k3 k3 g2 g2 k2 k2 ü4:** *c g h fis a = c g a h fis*, bei Lotti im 10stimm. Crucifixus: *a c h d es* löst sich auf nach *fis a a c es*.

21. **r5 r5 g3 k3 g2 g2:** A) *c g d e = c e g d*. — 1) mit *c* als Grundton schon im strengen Satz vorkommender Drkl. mit Nonenvorhalt, — 2) mit *g* als Grundton Doppel-Vorh. *c e* zu *g d h d*, — 3) mit *e* als Grundt. Nbspt. mit Vorh. *g d c* aufgelöst in *g d e h*, — 4) mit *d* als Grundt. schon bei Bach und Mozart vorkommender, bei den sog. Romantikern sehr beliebter Vorh. des Unterdominantacc. zur Oberdom. *d e g c*. 1) 2) 4) alltäglich. In der Gesammttonart auf I, ♭II, II, ♭III?, III?, IV, ♯IV?, V, ♭VI, VI, ♭VII?, VII?, in C: *c e g d, des f as es, d fis a e, es g h f?, c gis h fis?, f a c g, fis ais cis gis, g h d a, as c es b, a cis e h, b d f c?, h dis fis cis*. Jeder in zwölf Tonarten, z. B. *c e g d* in C, H, B, A?, As?, G, Ges?, F, E, Es, D?, Des? — Enh. *c g e cisis* 65, *c d e fisis* 170 B, *c gis dis ais* 28, *c ais eis cisis* 64, *c d ais eis* 99 B, *c d fisis disis* 228 B, *c a eis fisis* 227, *c e fisis cisis* 79, *c g eis gisis* 80 B, *c g a eis* 91. — B) *c g d b (c d a e) = f c g es = c es g f*. — 5) Letzteres mit *c* als Grundton Molldrkl. mit Vorh., alltäglich, — 6) mit *g* als Grundton Dmsptacc. mit Doppelvorhalt: *g f c es* in *g f h d*, — 7) mit *f* als Grundton schlecht unvollst. Nonenacc.; häufig Nebendreikl. II über Oberdominante: Mozart, Gdurquartett, dritter Satz: *d a c e*; Beethoven, Sonate, Adur, op. 101, Adagio: *g f a d*, — 8) mit *es* als Grundton Vorh. zum Dmsptacc. *es g f c* in *es g es des*, — 9) Bach, Motette, „Komm, Jesu", Aria „Bald rufst du mich", Takt 3: *c d g b* in *c es a c*, wo *d g b* Vorh. zur Unterdom. *c*, oder diese Anticipation von *c es a c*. In der Gesammttonart auf I, II, III, IV, ♯IV?, V, VI, ♭VII?, VII, in C: *c es g f, d f a g, e g h a, f as c b, fis a cis h?, g b d c, a c e d, b des f es?, h d fis e*. Jeder in neun Tonarten, z. B. *c es g f* in C, B, As, G, Ges?, F, Es, D?, Des. — Enh. s. *c g d ais* 28 B.

22. **r5 r5 g3 k3 g2 k2:** A) *c g d h = f c g e = c e g f* — 1) wegen der scharfen k2 nicht häufiger, aber schon im str. S. vorkommender Vorhalt zum Durdreiklang, wobei *c* Grundton. Mozart, Ave verum: *cis e a d*, wo Gegenbewegung der Stimmen auf die Dissonanz mildernd wirkt, daher in dieser Gegenbewegung am häufigsten.

— 2) mit *g* als Grundton dopp. Vorh. zum Dmspt. *g f c e* in 22.
g f h d, Schumann: „Es weiss, und räth es doch" Takt 33; —
3) am häufigsten Tonica mit Doppelvorh. (Bach, Motette E moll:
e h dis fis in *e h e g*) und Unterdom. mit Doppelvorhalt.

Mozart, G dur-Quartett.

In der Gesammttonart auf I, II, ♭III, III, IV, ♯IV, V, ♭VI, VI,
?VII?, VII, in C: *c e g f, d fis a g, es g b as, e gis h a, f a c b,
fis ais cis h, g h d c, as c es des, a cis e d, b d f es!, h dis fis e.*
Jeder in elf Tonarten, z. B. *c e g f* in C, B, A, As, G, Ges, F,
E, Es, D?. Des. — Enh. *c g h cisis* 76 B, *c d h fisis* 224 B, *c h fisis
cisis* 111 B, *c g e eis* 63, *c eis fisis disis* 225, *c e eis fisis* 180 B,
c a ais eis 95, *c ais eis gisis* 77 B, *c cis gis dis* 29 B. — B) *c g
d es (c a e h) = c es g d* — 4) mit *c* als Grundton gewöhnliche
Vorhaltsbildung, — 5) mit *es* als Grundton möglicher Doppelvorh.
es g d c in *es g es b*, — 6) mit *g* als Grundton leicht sich er-
gebende Vorhaltsbildung: *g d c es* in *g d b d*, — 7) mit *d* als
Grundton Doppelvorh. zum Dmsptacc.: *d g c es* in *d fis c d*,
Unterdominantaccord gegen Orgelpunkt der Oberdominante. Ge-
sammttonart I ♯I II III IV ♯IV V ♯V VI ?VII VII, in C: *c es
g d, cis e gis dis, d f a e, e g h fis, f as c g, fis a cis gis, g b
d a, gis h dis ais, a c e h, b des f c, h d fis cis*, jeder in elf
Tonarten, z. B. *a c e h* in A, As, G, F, E, Es, D, Des, C, H,
B unter den bekannten Einschränkungen, S. 6. — Enh. s. *c g d dis* 29.

r5 r5 g3 g2 k2 ü4: A) *c g d as = c e h fis* — 1) meist in Be- 23.
ziehung zum Dmsptacc. *g c d as* zu *g h f g* oder — 2) zum
Nbsptacc. *as c d g* zu *as c d f*. — Enh. s. *c g d gis* 27 B. —
B) *c g d fis* — 3) alltäglicher unvollst. sog. Undecimenacc. *g c
d fis* — 4) gewöhnlicher Dppvorh. zur Unterdominante: *c g d fis*
zu *c g c e*, bei Gluck und Mozart, wie bei allen Späteren; mit
der hinreissendsten, weil sorgfältigst vorbereiteten Wirkung bei

r5 r5 g3 k2 k2 ü4 : c g h fis

23. Beethoven, Cmollsymph. Andante: *des as es g* aufgelöst in *des as des f*. Seitdem oft missbräuchlich und gemein, weil das Ueberschwängliche ohne innerste Berechtigung auf den gebildeten Kunstsinn verächtlich wirkt. Die vulgäre Kunst liebt indessen dergleichen im Trivialen übertreibende Ausdrucksweisen, während die im guten Sinne populäre Musik sich im beschränkten Material mit Anstand bewegt. Im einzelnen vorliegenden Falle das Berechtigte oder Unberechtigte nachzuweisen, hat freilich seine Schwierigkeit. Man denke z. B. an Lortzings immer noch beliebtes „Einst spielt' ich mit Scepter", in welchem der herabgezogene Leitton als Vorhalt vorkommt. — Enh. *c g fis cisis* 108 B, *c fis fisis cisis* 119, *c g h eis* 72 B, *c e ais eis* 78, *c h eis fisis* 256, *c fis cis gis* 27.

24. r5 r5 g3 k2 k2 ü4: *c g h fis = c g des as* — 1) häufig als unvollst. sog. Undecimenacc. mit Vorhalt: *as des g c* in *as des g b*, — 2) seltener als Dppvorh. zum übm. Sextaccord: *des as c g* in *des as h f*, wo sich die Vorhalte am besten nacheinander, erst *g*, dann *c* auflösen. — Enh. *c g cis gis* 33, *c e h eis* 73, *c h fis fisis* 107, *c h eis disis* 288, *c fis cis eis* 73 B, *c cis gis fisis* 107 B.

25. r5 r5 g2: *c g d = f c g*. Die Verbindung zweier Quinten ergiebt als drittes Intervall die grosse Secunde. — 1) Schon im Dreiklangssystem vor der Tonart bezieht sich diese Combination auf den (Dur- oder Moll-) Dreiklang des Mitteltones, *f c g* (z. B., als *c f g*, sog. Quartquintacc.) auf *c e g* oder *c es g*. In der Gesammttonart auf jeder Stufe möglich, die einen solchen Dreiklang trägt, Dur: I, II, ♭III, III, IV (♯IV wohl nicht darstellbar), ♭V?, V, ♭VI?, VI, ♭VII?, VII? In der tonalen Chromatik schwer, weil die tonsystematische Bedeutung der drei Quinttöne als dreier Hauptpunkte des Zirkels hier besonders hervortritt. Bereits im strengen Satz alltäglich, z. B. auf V in der Cadenz. — 2) Seltener auf den ersten Quintton (oben *f*) bezogen, wo dann der dritte als Vorhalt gilt. So coloristisch im Finale der Ddursymph. von Haydn und der Pastoralsymph. von Beethoven, denen es an Nachahmungen nicht fehlt. — 3) Auf den letzten Quintton bezogen als Retardation des unvollst. Dmsptacc.: *g c f* löst sich auf nach *g h f*. — Enh. *c g cisis* 131 B, *c fisis cisis* 131, *c d fisis* 281 B, *c g eis* 129 B, *c ais eis* 129, *c eis fisis* 281.

r5 r5 g2 k2 ü4 ü1: **A)** *c g d des (c h fis cis)*. — Enh. s. *c g d cis* 26 B. — **B)** *c g d cis*. Beide als Durchgangsbildungen gewöhnlich: 26.

Herold, Zampa: *h e fis eis*. Enh. *c g cis cisis* 122 B, *c cis fisis cisis* 122, *c g fis eis* 102 B, *c h ais eis* 102, *c h fis cis* 26.

r5 r5 g2 ü4 v4 ü1: **A)** *c g d ges (c fis cis gis)*. — Enh. s. *c g d fis* 23 B. — **B)** *c g d gis*, letzteres in Beethovens Gdurconcert im ersten Satz, wo *gis* stufenweiser Vorhalt von unten, *g* vorbereiteter Vorhalt von oben ist und die Auflösung nach *fis c d a* stattfindet, eine Stelle von grosser Innigkeit. — Enh. *c g gis cisis* 119 B, *c d gis fisis* 258 B, *c gis fisis cisis* 108, *c g cis eis* 78 B, *c cis eis fisis* 179 B, *c fis ais eis* 72, *c e h fis* 23. 27.

r5 r5 g2 ü2 v4 v3: **A)** *c g d fes (c gis dis ais)* als Combination (in Asdur oder Desdur) möglich. — Enh. s. *c g d e* 21. — **B)** *c g d ais*, nicht seltene Combination, Beethoven, Amollquartett, op. 132: *c f g f dis* in *c c e g e g c e*. — Enh. *c g ais cisis* 79 B, *c d ais fisis* 227 B, *c ais fisis cisis* 65 B, *c g dis eis* 99, *c dis eis fisis* 170, *c gis ais eis* 91 B, *c d o e* 21 B. 28.

r5 r5 g2 ü2 v4 ü1: **A)** *c g d dis*. — Enh. *c d dis fisis* 180, *c dis fisis cisis* 76, *c g gis eis* 95 B, *c gis eis fisis* 224, *c cis ais eis* 63 B, *c a e h* 22 B, *c g dis cisis* 111. — **B)** *c g d ces (c cis gis dis)* sehr complicirt, aber darstellbar. — Enh. s. *c g d h* 22. 29.

r5 r5 g2 ü2 v3 ü3: **A)** *c g d bb (c dis ais eis)*, — **B)** *c g d eis*, ersteres an den übm. Sextacc., letzteres an den Dmsptacc. anlehnend, möglich. — Enh. siehe beide *c g d a* 12. 30.

r5 r5 g2 dv5 dü1 dv4: **A)** *c g d geses (c fisis cisis gisis)*. — **B)** *c g d gisis*; letzteres könnte aus *g c d ais* durch untere Hülfsnote *gisis* von *ais* entstehen. — Enh. siehe beide *c g d a* 12. 31.

32. **r5 r5 k2 ü4 ü4 ü1:** *c g ges des (c g fis cis)* als *des g c ges*, auf *des as des f* bezogen, nicht unmöglich. — Enh. *c h fis eis* 101, *c fis cis fisis* 113, *c fis eis aisis* 290.

33. **r5 r5 ü4 v4 ü1 ü1:** *c g ces ges (c g cis gis)* möglich etwa als

```
             +
          ⌒ ⌒ ⌒
  ges    g   g   g   as
  des   des  c  des  des
   b    ces ces ces ces
  ges  ges ges ges ges
       ⌣   ⌣   ⌣   ⌣
```

Enh. s. *c g h fis* 24.

34. **r5 r5 ü2 ü2 v4 v3:** *c g dis ais.* — 1) Leicht und oft als übm. Sextacc. mit Vorhalt: *c g ais dis*, Lohengrin, erster Akt, erste Scene; *ges des e a* Spontini's berühmtes „Julia!", seitdem oft. — 2) Doppelvorh. und Durchgang zum übm. Dreikl. Wagner, Tristan-Vorspiel, Takt 10: *c f gis dis.* — 3) auch *dis g c ais* aufgelöst in *dis fis h h*, dreifacher Vorh. zum Sextaccord. Enh. s. *c g a e* 19.

35. **r5 r5 ü2 v4 v4 ü1:** *c g gis dis* — 1) auf den verm. Sptacc. bezogen: *dis gis c g* auf *dis a c fis* — 2) auf Dmsptacc. bezogen: *dis g c gis* auf *dis fis h a*. — Enh. s. *c g e h* 16.

36. **r5 r5 ü2 v3 v3 ü3:** *c g ais eis* — 1) auf den übm. Sextacc. bezogen: *g eis c ais* auf *g eis h h* — 2) auf I IV VII ♯II bezogen: *g c eis ais* auf *g c fis ais*, wo *c fis ais* eine nicht seltene Alteration des dissonirenden Hauptaccordes (verm. Dreiklangs) *c fis a* bildet, woraus das tonische *g* im Bass gewissermassen einen alterirten Undecimenaccord macht. — Enh. s. *c g d a* 12.

37. **r5 r5 dv5 dü1 dü1 dv4:** *c g cisis gisis.* — Enh s. *c g d a* 12.

37b. **r5 g3 g3 k3 k3 g2 g2 k2 ü4 v4:** *c g e as b (c d e h gis)* = *c e gis h d*. Nebennonenacc. auf III in Moll, schon bei den grossen Contrapunktisten Lotti, Händel, Bach u. A. nicht selten. Lotti, 10stimm. Crucifixus: *a f a cis g a e f* in *a f a d f a d f*.

38. **r5 g3 g3 k3 k3 ü1:** *c g e es (c a e cis)* = *c e g es* — 1) mit *c* als Grundton Vorh. oder Durchg. der beiden Terzen gegeneinander; Mozart, Cmollfuge: *f as c a* in *f as d h*; die grosse Terz ist als Vorhalt zur kleinen nicht selten, an ihrer Stelle die verminderte Quarte zu setzen ist falsch. — 2) Mit *e* als Grundton

häufiger Doppelvorh. zum verminderten Sptacc.: *e g c es* in *e g b des*. — 3) Mit *es* als Grundton häufige Orgelpunktsbildung: *es e g c* in *es f as c*. — 4) Mit *g* Dmspt. mit dreif. Vorh. *g c es e* in *g h d f*. — Enh. s. *c g e dis* 56.

r5 g3 g3 k3 g2 k2 ü4 ü4 ü2 v3: *(c g e fis ais) = c e g fis ais (fis ais c e g)* als alterirter kleiner Nonenacc. mit erniedrigter Quinte modern. Wagner, Venusberg (nachcomponirt zu Tannh.): *a cis es g b*, Partitur S. 13. Auch Dreikl. IV Dur mit VII und $\sharp$II. 39.

r5 g3 g3 k3 k2 v4: A) *c y e as (c e h gis) = c e g as*. Als Nebenseptimenacc. bei Lotti, Bach und Späteren häufig. Haydn, Jahreszeiten, Gewitter, Blitz: *es g h d* in *a c es c*; Beethoven Son. op. 10, Nr. 2, Allegretto: *as f des bb* in *as ges c as*. Gesammttonart: I $\flat$II II $\flat$III IV V $\flat$VI $\flat$VII, in C: *c e gis h, des f u c, d fis ais cis, es g h d, f a cis e, g h dis fis, as c e g, b d fis a*, deren einige den Nr. 14, 5) ausgesprochenen berechtigten Bedenken anheimfallen. Jede in 8 Tonarten, z. B. *c e gis h* in C, H, B, A, G, F, E, D. — Enh. s. *c g e gis* 41. — B) *c g es h (c o e gis) = c es g h*, Nbsptacc., — 1) durch einfachen Vorh. auf *c es g a* bezogen, — 2) durch Dppvorh. auf *c es fis a* bezogen. — 3) Bach, durch Wechselnote: *d ais fis h fis* in *cis cis e ais g*, Emollmotette „Jesu meine Freude"; durch Retardation: Amollfuge, Vorspiel, Arpeggio: *a c e a gis a c* und *e gis c gis c gis a c e*. — Gesammttonart I II III IV V VI $\flat$VII VII, in C: *c es g h, d f a cis, e g h dis, f as c e, g b d fis, a c e gis, b des f a, h d fis ais*. Jeder in 8 Tonarten, z. B. *a c e gis* in A G F E D C H B. — Enh. s. *c g h dis* 43 B. 40.

r5 g3 g3 k3 v4 ü1: A) *c g e gis = c e g gis* als Durchgangserscheinung natürlich. Mendelssohn, Lied „Kennst du nicht das Glutverlangen": *h gis his e his* in *a fis cis e cis*. Wagner, Tristanvorspiel: *gis c e g c* in *a c e g e*. — Enh. *c a cis eis* 135, *c e h gis* 40, *c e gis dis* 43, *c e gis fisis* 142 B, *c cis eis gisis* 148, *c gis dis disis* 124 B. — B) *c g es ces (c e cis gis) = c es g ces* als Durchgangserscheinung der tonalen Chromatik auf VI am nächsten liegend, wenn auch hart, z. B. *d f ces ces* in *es g c ces* in *f as d ces* oder *f as d b*. Auch in durchgehenden Mollsextaccorden: *ces eses ges ces, ces es g c, ces fes as des*, wo das wiederholte *ces* die Bedeutung des Orgelpunktes hat. 41.

41. Raff. Oratorium: Weltende etc., Pest.

Enh. s. *c g h dis* 43 B.

42. r5 g3 g3 k2 k2 ü2: *c g h as* (*c e h dis*) — 1) mit *c* als Grundton sehr unvollst. sog. Terzdecimenaccord, — 2) mit jedem der drei anderen Töne als Grundton mögliche, aber durch die zwei k2 leicht kakophone (d. i. unverständlich dissonirende) Combination. — Enh. s. *c g h gis* 57 B.

43. r5 g3 g3 k2 ü2 v4: A) *c g as fes* (*c e gis dis*), leicht durch Dppvorh. oder -Dg. auf den dritten Ton als Grundton zu beziehen: *as c fes g* aufzulösen in *as c es as*. — Enh. s. *c g e gis* 41. — B) *c g h dis*, — 1) auf *c* als Grundton bezogene häufige Alteration des Oberdominantaccordes, — 2) Vorhalt zum verm. Sptacc. Mozart, Esdurquartett, zweiter Satz: *h as es g*. — 3) Vorhalt zu einem nicht seltenen Combinationsacc.: *g c dis h* in *g c dis a* (r5 k3 g2 ü4 ü2 v4). — Enh. *c a e gis* 40 B, *c e cis gis* 41 B, *c e gis eis* 135 B, *c e gis gisis* 148 B, *c h dis fisis* 142, *c gis eis disis* 235, *c dis fisis aisis* 145, *c cis gis disis* 124.

44. r5 g3 k3, einziger consonirender Accord, **Dur-** und **Molldreiklang**, *c g e*, *c g es* (*c a e*) = *c e g*, *c es g*. Ausser Zusammenhang immer Consonanz, im Zusammenhang zuweilen auf einen anderen Accord bezogen, also Dissonanz des Zusammenhanges. Die musikalische Grammatik begründet solche Dissonanzen durch harmoniefreie Töne; so ist das *cis* in *e gis cis* am Schluss der ersten Scene des Tannhäuser, welches sich nach *h* auflöst, Vorhalt zu *e gis h*. — A) *c e g* grosser oder Durdreiklang. In der Gesammttonart einschl. der tonalen Chromatik ergeben sich 12 grosse Dreikl. auf I II (Wechseldom.) ♭II (neapolitan. Sextacc.) III ♭III IV ♯IV(?) V VI ♭VI VII ♭VII, in C-Gesammttonart:

c e g, d fis a, des f as, e gis h, es g b, f a c, fis ais cis?, g h d, 44.
a cis e, as c es, h dis fis, b d f, wonach jeder grosse Drkl. in
12 Gesammttonarten möglich wäre, z. B. *a cis e* in A, G, Gis,
F, Fis, E, Es?, D, C, Cis, B. II. — 1) Im **Grundaccord** consoniren
I und IV immer, V dagegen bezieht sich nach vorhergehender Unterdominante oder deren Vertreter fast mit derselben Energie wie
V$_7$ auf I und gehört dann zu den Leitaccorden. Das Uebergewicht
des Basses lässt auch die anderen leicht als diatonische Consonanz erscheinen, so dass Versuche ihrer tonal-chromatischen Einführung zuweilen scheitern, und an Stelle des chromatischen Durchganges der vollkommen consonirende Accord befremdend in die
Empfindung tritt, am wenigsten III $\sharp$IV VI VII $\flat$VII. — 2) Im
Sextaccord ist die Sexte (als Dissonanz von S. W. Dehn Terzdecime genannt) oft Vorhalt zum Molldreiklang, z. B. *e g c,* wenn
dis a h vorangeht, auf *c g h* bezogen, wo sich also *c* als Dissonanz (harmoniefreier Ton) nach *h* auflöst. Dissonirende Sextaccorde: Bach, Wtp. Kl., II, 24, Fuge, Takt 51, 53: *e c g* in *e h
gis, fis d a* in *fis cis ais* aufgelöst. Da dem Sextacc. zwar nicht
die Consonanz, aber die positive Bestimmtheit des Grundaccordes
fehlt, so eignet er sich besonders zur Begleitung des Recitativs,
sofern in dieses die Fortschreitung der Handlung oder die Hinweisung auf das Folgende gelegt wird. In allen älteren Opern.
Beethoven, Dmollsonate, Anfang. Dagegen wird er zum Schluss
nur gebraucht, wenn das unvollständige Material (dreistimmige
Schullieder u. dgl.) dazu veranlasst. — 3) Der **Quartsextaccord**
ist durch die Bassstellung der Quarte (s. d. unter **r5**) vorherrschend
Dissonanz des Zusammenhanges, wird aber nicht nur zu Anfang,
sondern auch im Verlauf oft als Consonanz behandelt. Mozart,
Andante in Fmoll der Fdursonate, Takt 9 und 10. Beethoven,
Adursymph. Allgretto, nach dem Adursatz Takt 17—19: *g c e,
g h d f, g c e,* ein Schluss, der durch die Versetzung des ersten
Themas in den Bass herbeigeführt wird. Liszt, Hmollsonate,
letzter Accord: *fis h dis fis,* aber der Grundton *h* kommt nach.
In dem auf „Froh wie seine Sonnen fliegen" der Neunten Symph.
folgenden doppelt fugirten Instrumentalsatz macht Beethoven eine
Cadenz mit dem $\frac{6}{4}$ ohne Dmsptacc. in Gesdur. Beispiele für
Grundaccord und Umkehrung: II: Beethoven, Adursymph.

44. Allegretto, Takt 60: *h dis fis*; Tannh. Ouv. Takt 5: *fis cis fis ais fis*. Quartsextacc. ebenda Takt 17: *cis fis ais*, 19, 21. — ♭II: selten. Neunte Symph. Takt 24—26 (?). Eroica, Finale, Gmoll-variation: *as c es*. Sextaccord als sog. neapolit. alltäglich. Tannh. Ouv. Allegro, Takt 10: *a f c*. Quartsextaccord selten. Mozart, Klavierkonzert in Cmoll, Finale, Takt 13. Beethoven, neunte Symph. Scherzo, kurz vor der 1. *b es g* Bläser, zwei Takte lang. — III: Tannh. Ouv. Allegro Takt 24: *gis his dis* (? oder Modulation nach cismoll V). — ♭III: Tannh. Ouv. Allegro, Takt 8: *g h d*. — VI: Tannh. Ouv. Allegro, Takt 22: *cis eis gis*. — ♭VI: Tannh. Ouv. Takt 23: *c e g*, Allegro, Takt 8: *c e g*. Sextaccord ebenda Takt 10: *e g c*. — VII: Tannh. Ouv. Allegro, Takt 40: *dis fisis ais* (geschrieben *es g b*). — ♭VII: ebenda Takt 3: *d fis a* zwischen *cis e g ais* und *c dis fis a*. Sextaccord, Beethoven, Bdursymph. Adagio, Takt 50: *f as des* zwischen *ges b es* und *es ges ces*. — Enh. *c e fisis* 195 B, *c fisis disis* 251 B, *c a eis* 247, *c eis gisis* 198, *c gis dis* 123 B, *c g e his* 62. — **B)** *c es g*, kleiner oder Molldreiklang. In der Gesammttonart e. t. Ch. 12 kleine Dreiklänge, auf I, ♯I, II, ♯II, III, IV, ♯IV, V, ♯V, VI, VII, ♭VII, in C-Gesammttonart: *c es g, cis e gis, d f a, dis fis ais, e g h, f as c, fis a cis, g b d, gis h dis, a c e, h d fis, b des f*, wonach jeder kleine Drkl. in 12 Tonarten möglich, z. B. *a c e* in A, As, G, Ges?, F, E, Es, D, Des, C, B, H. — **4)** Im **Grundaccord** ergeben sich hier eher Dissonanzen des Zusammenhanges als beim Duraccord. Weber, Freischütz, Edur-Arie der Agathe „Himmel nimm des Dankes Zähren": IV, *a e a c* in *a e a cis*, wo allerdings correkter *his* für *c* stände. Mozart, Figaro, Esdurarie des Pagen, am Schluss, nach dem Secundaccord *as b d f* folgt III, *g b d* mit Auflösung nach *g b es*; hier ist *d* Vorhalt zu *es*, durch Retardation des Leittones hervorgebracht. Dreiklang VII durch tonale Chromatik bei Bach, Wtp. Kl. erster Theil, 9, Präl. Edur, Takt 21: *dis fis ais*, wo *dis fis* Bestandtheile des Septimenaccordes, *ais* die erhöhte Quart der Tonart sind. Haydn, Cmollsonate I, Drkl. VII: *h d fis* in *h d g*. — **5)** Dissonirende **Sextaccorde**. Mozart, Adurquartett, zweiter Satz durch den Durchg. *ais: fis dis fis ais*, VII, zwischen *dis fis a h* und *h fis dis a*. Bach WO, Echoarie: *d fis h* in *d fis c*, wo *h* Vorh. zu *c*. Beethoven, Neunte

r5 g3 k3 : c g es

Symph. Scherzo, wo auf *g d h g* der Sextaccord III, *a cis fis*, **14.**
folgt und sich nach *d d fis d* auflöst. Hier steht der Sextacc. III
gewissermassen für den Dominantaccord. Seitdem oft. — **6) Der
Quartsextaccord** hat dieselben Eigenschaften wie in Dur. Berühmt
ist sein Gebrauch zu Anfang und am Schluss des Allegretto der
Adursymph. Das erste Mal klingt er gewissermassen seinem
Grundton voraus, das letzte Mal klingt er ihm nach. Bach.
Motette: „Komm Jesu". Takt 2. Bei Bach entsteht der consonirende
$^6_4$ oft dadurch, dass die Absicht, die Stimmen zu unterscheiden
oder Fehler zu vermeiden, den Tenor unter den Bass führt; so
in der Emollmotette, fünfter Satz, Andante, Takt 4 „der ist nicht
sein" im Halbschluss IV V, wo der letzte Accord *fis h fis h dis*
heisst, weil der Tenor das *fis* unter dem Bass nimmt, vielleicht,
um die Quinten *c g—h fis* zu vermeiden. Mozart, Gmollquintett,
Andante, VII $^6_4$: *a d f* in *a es ges*, wo *d f* Vorhalte zu *es ges*.
Wagner, Lohengrin, Anfang: „Gott grüss Euch, liebe Männer",
wo zwischen dem Eduraccord und dem Dominantdreiklang *h dis
fis* der Quartsextaccord *gis cis e* steht, in welchem *cis* Vorhalt ist.
Im Finale der Adursonate, op. 101, wird die Durchführung mit
dem Amoll $^6_4$ eingeleitet. In der Neunten Symph. Takt 34 vertritt der $^6_4$ den Dmsptacc. — Beispiele für Grundaccord und
Umkehrungen. II häufig. Ist in Moll tonal chromatisch,
dennoch auch da nicht selten. Tannh. Ouv. Takt 2: *fis cis fis a*,
Takt 10. Sextaccord, alltäglicher Vertreter der Unterdominante.
Quartsextaccord selten. — III häufig. Tannh. Ouv. Takt 35: *gis
h dis*. Quartsextacc. selten. Tannh. zweiter Akt, zweite Scene,
gegen Ende: „im neu erwachten Leben" *g c es* in Asdur zweimal. —
V. In melodisch Moll abwärts (aeolisch) als Durchgangsaccord nicht
selten. Sextacc. Beethoven, Bdursymph. Adagio, Takt 61, *des
f b* zwischen *es ges ces* und *ces es as b*. — VI. Alltäglich vermittelnd zwischen den Hauptdrklg. I und IV. Auch in Durchgangs- und Vorhaltsbildungen nicht selten. Tannh. Ouv. Takt 2:
cis e gis. Mozart, Fmollphantasie [3], C $^3/_4$ Takt 4: *d f a*, wo *a*
Vorhalt zu *d f b* und zwar tonal chromatisch, weil in Moll.
Sextacc. Tannh. Takt 7, 9, 11: *e gis cis*. — VII. Mozart, Don
Juan, Sextett, vorletztes Tempo, nach „mio pianto può finir", *h d
fis* in Cmoll, *fis* Vorhalt zu *f*. — ?VII. Beethoven, Ddursymph.

Finale, 27 Takte vor der ersten Fermate: *es g c* zwischen *d h g* und *e g cis*, chromatischer Bass. — Enh. s. *c g dis* 123.

45. r5 g3 k3 k3 k3 g2 k2 ü4 ü4 ü2: **A)** *c g e b des* = *c e g b des* (*c o h fis dis*), — 1) die alltägliche Erscheinung des kleinen Nonenaccordes, der schon im XVII. Jahrhundert vorkommt. 2) Vrm. Sptacc. mit Vorhalt. Wagner Trist. *dis c fis a h*. — 3) Dppvorh. zum Nebenseptacc. *b des g c e* in *b des g des f*. Gesammttonart I (wegen absoluter Nähe der Tonartverwandtschaft fraglich) II (gut als Wechseldominante) III, ♭IV?, V, VI, VII in C: *c e g b des, d fis a c es, e gis h d f, fis ais cis e g?, g h d f as, a cis e g b, h dis fis a c*. — Enh. *c e g b cis* 46, *c g e cis ais, c fes g b des* 80 b, *c fisis e cis ais* und andere. — **B)** *c g es a fis* = *c es g fis a* (*c o e fis dis*). — 4) Doppelvorh. zur Unterdom. zu *c es g g g*. — 5) *es g c fis a* drf. Vh. zu *es g b g b*. — 6) Vorh. zum verm. Sptacc. Beethoven, Gdurconcert 2. Satz: *h d f gis h d f a*; Wagner, Walküre: *fis a c dis c e*. — 7) Gewöhnliche Fassung des sog. Terzdecimenaccordes *g fis a c es*. Bach, Amollfuge *d e g cis g b cis e g*; Mozart, Così fan tutte, Terzett Edur, Takt 22, 25, darnach Mendelssohn, Sommernachtstraumouverture *h g cis e g h e ais*, Takt 39, 56, und öfter daselbst mit grösster Wirkung; Beethoven, Fmollsonate, op. 2, Finale: *f e g b des c*; Ddursonate op. 10, Largo, am Schluss, *d g d e b cis d*. Vermuthlich am häufigsten, so auch in dem Mozart-Mendelssohn'schen Falle, auf der Oberdominante, in C: *g es fis a c*, sodann auf Tonica und Unterdominante, in C: *c as h d f, f des e g b*, ausserdem tonal chromatisch möglich auf II (*d b cis e g*) III (*e c dis fis a*) VI (*a f gis h d*) VII? (*h g ais cis e?*). — Enh. *c es g ges a* 46, *c es g ges bb, c dis fis fisis a, g c dis fis a* 54 B u. a.

46. r5 g3 k3 k3 k3 g2 ü4 ü4 ü2 ü1: **A)** *c g e cis b* = *c e g b cis* (*c d a fis dis*) häufige Vorhaltscombination. Mozart, Idomeneo, Nr. 6: *c e g b cis* in *c f a d*, Beethoven; Neunte Symph. Finale: *a ais g cis e* in *a h fis d*; Eroica, Finale, im Andante: *b as d f h*; Schubert „Freudvoll und leidvoll" *b d f as h*; Wagner, Tristanvorspiel: *e gis h d eis, b as d f h*. — **B)** *c g es a ges* (*c a fis cis dis*) = *c es g a ges*. Raff, Waldsymph. op. 153, Part. S. 289: *e fis c es a* in *e g c e*.

r5 g3 k3 k3 g2 ü4: **A)** *c g e b = g d h f = g h d f (c d a fis).* **47.**
— 1) als **Dominantseptimenaccord** der wichtigste aller dissonirenden Hauptaccorde, nächst dem Dreiklang **r5 g3 k3** der wichtigste Accord. Wie den Dreiklang schreibt auch diesen die Naturharmonie, und zwar vom vierten bis siebenten Naturton vor. Dieser siebente Naturton ist bei den Klassikern in Blechinstrumenten häufig, Kirnberger versuchte vergebens, ihn in unser Tonsystem einzuführen, verwechselte ihn aber in der Behandlung mit der übm. Sexte. Er stimmt etwas tiefer als unsere Septime V, und hält dadurch an der vom Durdreiklang vorgeschriebenen Verkleinerung der Intervalle nach oben fest. Rein diatonisch in Dur, Moll und Molldur nur als Dmsptacc. Die erhöhte Sexte und erniedrigte Septime in melodisch Moll gehören schon zur tonalen Chromatik. Im strengen Satz durchgehend, selten durch Vorhalt oder Wechselnote. Vom Ausgang dieses Stiles an mit zunehmender Selbstständigkeit:

Heinr. Schütz bei Riedel.   Lully. Theseus.

Die tonale Chromatik ergiebt — 2) den Wechseldmsptaccord auf II, der bei Bach häufig, wahrscheinlich schon früher in Gebrauch ist und sich ursprünglich aus der Unterdominante entwickelt. (Pst. Mod. S. 129). Brahms, Tragische Ouvertüre: *as c f, b des f ges*, (schon bei den Klassikern häufige Verbindung des neap. 6 mit der Tonica) *h d f g* (Wechseldominante), *c f as*. Mozart, Don Juan, Sextett, 49. bis 44. Takt vor dem Schluss: *a c es f* in *b d f as*. Mendelssohn, Duett aus Psalm 95: *f as b d* in *c es as*. — 3) Die Gesammttonart ergiebt überhaupt solche Septimenaccorde auf I (wegen der Nähe der Unterdominanttonart immer zweifelhaft), auf II, auf III, ♭III, IV, ♯IV, V, VI, VII, ♭VII. Chopin, Fisdur-Nocturn als Sptacc. IV: *d fis a c* in *d e gis h*. Derselbe,

47. A moll-Etude als Sptacc. ♭VII: *g h d f* in *e gis h d*. Wagner, Tannh.-Ouv. Takt 12, VII: *dis fisis ais cis* in *e gis h*. Mozart, Esdursymph. Finale, folgen V₇: *b as b d*, VI₇: *c g b e*, II: *f as c* aufeinander im 34. bis 32. Takt vor dem Schluss. Es können also in der Gesammttonart 10 solche Sptacc. vorkommen und jeder solcher Sptacc. in 10 Tonarten, z. B. *a cis e g* in A, G, F, Fis, E, Es, D, C, B, H. Man sieht, wie irrig die Ansicht ist, dass dieser Sptacc. nur als Dmsptacc. in einer einzigen Tonart vorkommen kann. — 4) Verm. Drkl. VII oder II mit Vorhalt: *g b e c* in *g b e b*, gehört im ersten Falle Fdur, im zweiten Dmoll an. Anmerkung. Der Septimenacc. dieser Art auf der ♭VI findet sich häufig, ist aber immer ein incorrect geschriebener übm. Sextaccord. Wechsel der Schreibart zwischen Dmsptacc. *as c es ges* und übm. Sextacc. *as c es fis* im letzten ⁶/₈-takt von Mozart's Cmollconcert, einer für die Grenzbestimmung der tonalen Chromatik bedeutsamen Stelle. Verwandte Stellen bei Mozart öfter. — Enh. s. *c g e ais* 58. — B) *c g es a = c es g a (c a e fis)*, — 5) als kleiner Septimenaccord VII Dur, dissonirender Hauptacc., *a c es g*, schon bei Heinr. Schütz: *g cis e h* in *fis d fis a*, und seitdem in zunehmendem Gebrauch, modern beliebt. — 6) Häufig auch durch Vorh. zum Dmsptacc. *h d f a* in *h d f g*. — 7) Am häufigsten als Nebenseptimenaccord II in Moll und Molldur. Schon bei Schütz regelmässig. In diesem Sinn nächst seiner Verkehrung, dem unter A) vorstehenden, der häufigste und wichtigste dissonirende Accord. In den Cadenzen der Klassiker regelmässig. — 8) In der Gesammttonart auf ♯I II ♭II III ♭IV (Wechseldom.) V ♭V VI ♭VI VII, in C z. B. *cis e g h, d f as c, dis fis a cis, e g b d, fis a c e, g b des f, gis h d fis, a c es g, ais cis e gis, h d f a*, von denen einige wegen der Nähe ihrer diatonischen Tonart, andere wegen der Entschiedenheit, mit welcher ihr Zusammenklang eine andere Tonart vertritt, mindestens zweifelhaft erscheinen. Danach kann jeder kl. Sptacc. 10 Tonarten angehören, z. B. *a c es g* zu C, Des, D, Es, F, Ges, G, As, B, Ces. In der Bach'schen Motette „Lob und Ehre und Weisheit" kommen im 15. Takt des Schluss-Chorales die beiden Sptacc. VII und ♭IV (in Fdur *d e g b* und *h d f a*) kurz hintereinander vor. — 9) Dreifacher Durchgang oder Vorh. zum tonischen

r5 g3 k3 k3 ü4 ü1 : c g e cis   31

Drkl., Gluck, Armide: *d g d b e* in *d f d a d*. — 10) Dpp. 47.
Vorh. zum Dmsptacc. (vermuthlich die ursprüngliche Bedeutung
des kl. Sptacc. als Nbsptacc. II): *h d f a* in *h d e gis*. — 11) Einf.
Vorh. zum verm. Sptacc. *h d f a* in *h d f gis*. — 12) Doppel-
vorhalt zum Drkl. *es g c a* in *es g b b* u. drgl. — 13) ♯I leicht
vorzustellen als Doppelvorhalt zum Dominantsptacc. *cis e g h* vor
d f g h. — ♯II in künstlicher Combination nicht unmöglich,
etwa in der Accordfolge *dis fis a cis — dis fis a c — e g c*. —
VI in Moll durch tonal chrom. Erhöhung der Sexte häufig.
Mozart, G mollsymph. Takt 10: *e g b d* vor *es g (b) cis*. — Enh.
s. *c g a dis* 86.

r5 g3 k3 k3 ü4 ü2 ü2 v3 dv5 v2: *c g e ais fisis*. Wagner, 48.
Tristanvorspiel: *fis fis c es dis as*. Häufiger (schon bei Bach)
vorkommender alterirter verm. Sptacc.: *fis as c es*, Grundaccord
des übm. Sextaccordes dritter Form, der bald mit der **r5** *es*, bald
mit der **dü4** *dis*, hier mit beiden, geschrieben wird.

r5 g3 k3 k3 ü4 ü1: A) *c g e cis = c e g cis*. Mannigfaltige 49.
Durchgangs-Vorhalts-Orgelpunktserscheinung. Beethoven, F dur-
quartett,
Op. 59. I.

Wagner, Tannh., zweiter Akt, erste Scene. nach „die Freude
zog aus mir" *e g cis c* vor *e g cis h*. Mozart, G mollquintett:
e b g es, wo es Vorhalt zum vrm. Sptacc.: *e g b des*. Hummel,
H mollconcert, Einleitung: *ais cis e a* in *ais cis e g*. — Enh. *c h
fis dis* 55, *c a gis dis* 93 B, *c g cis disis* 117 B, *c e cis fisis* 157 B,
c h dis eisis 188, *c cis fisis disis* 242 B, *c a fis eis* 206. *c fis eis
gisis* 185. *c gis dis gisis* 114 B. — B) *c g es ges = c es g ges*, (c
a fis cis), Vorh. zum Dmsptacc. *c es g ges* in *c es as ges*; Beethoven,
Sonate E moll, op. 90 I: *ais cis e eis* in *ais cis e fis*. Bei Bach
zuweilen durch Verbindung der melodischen und harmonischen
Molltonleiter, deren grosse und kleine Sexte gleichzeitig erklingen:

Motette: *d f as a* zwischen *d f as h* und *g d f as h*. — Enh. s. *c g fis dis* 93.

50. r5 g3 k3 g2 g2 k2: A) *c g as b, c d e h* — 1) häufiger Vorhalt: *as c g b* in *as c f as*, — 2) orgelpunktartig: *b as c g* in *b as c f*. — Enh. s. *c g gis ais* 100 B. — **B)** *c g h a, c g a h*. — 3) Dppvorh. *a c g h* in *a c f (is) a*, Lotti: *c c es b d* in *c c es a c*. — 4) Bach, Wechselnoten: *fis d* gegen *e g* im Magnificat. — 5) Orgelpunkt: *h a c g* in *h a c fis*; Liszt, Hmollsonate: *h a c g* in *h a c f*, wo der neapolitanische Sextaccord über der Dominante schwebt, ein seltenes Beispiel von einschneidender Wirkung, in der Ausgabe Breitkopf & Härtel S. 18, kurz vor dem Fisdur-Andante. — Enh. *c a h fisis* 223, *c h fisis gisis* 263, *c d e eis* 169 B, *c d eis disis* 262 B, *c e eis cisis* 164 B, *c d dis ais* 100, *c dis ais cisis* 75 B, *c cis gis ais* 90.

51. r5 g3 k3 g2 k2 ü4: A) *c g e fis = c e g fis*. — 1) Ist *c* Grundton, so erscheint *fis* als nicht seltener Vorh. zur Unterdominante: *c e g fis* in *c e g e*, alltäglich als gewöhnlicher Durchgang. — 2) Ist *e* Grundton, Doppelvorh. vor Mollaccord: *e g c fis* in *e g h g*. — 3) Ist *g* Grundton, vorherrschende Form des vierstimmigen sog. Terzdecimenacc.: *g fis c e* in *g g h d*. — 4) Orgelpunkt der Dominante und Nebendreiklang der ♭II. Beethoven, Cismollsonate, erster Satz: *gis d fis a*. Aus Durchgängen des Nebensptacc. II: *fis a gis d* in Bach's Hmollmesse, Confiteor. — Enh. *c fis cis ais* 59, *c d gis dis* 98, *c gis dis cisis* 104 B, *c g fis disis* 110 B, *c e fis fisis* 175 B, *c h eis gisis* 186, *c a h eis* 221, *c fis fisis disis* 243 B. — **B)** *c g es des = c es g des, (c d h fis)* — 5) mit *c* als Grundton unvollst. Nebennonenaccord (vgl. Nr. 18), z. B. Nebendrkl. III mit Nonenvorhalt, Haydn, Jahreszeiten: *fis cis g a* in *d d fis a*. — 6) Betrachtet man *c* als Durterz, Dopprorh. zum Sextacc.: *c es g des* in *c es as c*. — 7) Mit *es* als Grundton alltäglicher, durch Missbrauch entwürdigter Dmspt. mit Vorhalt: *es g des c* in *es g des b*, von Scarlatti († 1725) bereits angedeutet, seitdem in zunehmendem Gebrauch bei grossen und kleinen Componisten, besonders der Oper und der vulgären Lied- und Instrumentalcomposition. — 8) Mit *g* als Grundton Dppvorh. zum vrm. Dreiklang. Lotti: *d as g b* in *d f f as*. — 9) Dreifacher Durchgang: *des es g c* zwischen *des f as des* und *des des f b*. Sextaccorde gegen Orgelpunkt. — Enh. s. *c g cis dis* 98 B.

r5 g3 k3 k2 ü4 ü2 : c g e des

r5 g3 k3 g2 k2 ü1: A) *c g as a, c e h cis*, — 1) ergiebt sich 52.
leicht aus der steigenden grossen und fallenden kleinen Sexte.
Mozart, A durquartett, erster Satz: *gis fis h g* in *ais fis cis e*.
Mozart, Idomeneo. No. 5.

2) Correkter Dppdurchgang: *as c a g* zwischen *as c as as* und
as c b ges. — Enh. s. *c g a gis* 85. — B) *c g h b (c d a cis)* —
3) mit *c* als Grundton häufige Durchgangsbildung: *h g b c* zwischen
c g b c und *c f a(s) c*, oder — 4) Doppelvorh. zum vierstimmigen
Terzdecimenaccord: *c h g b* in *c h f as*, in beiden Fällen der
Grundton vorwiegend Dominante. — Enh. s. *c g h ais* 70 B.

r5 g3 k3 g2 ü4 ü1: A) *c g a cis* etwa — 1) naheliegende Orgel- 53.
punktsbildung (Nr. 38, 3): *c g a cis* in *c f a d*; — 2) möglicher
Nonenaccord mit Vorhalt: *cis a g c* in *cis a g b (h)*; — 3) dreif.
Vorh. zum Dreiklang: *g cis a c* in *g d g b (h)*. — Enh. *c h fis
gis* 84, *c g cis gisis* 120 B, *c a cis fisis* 158, *c cis fisis gisis* 275,
c d fis eis 171, *c fis eis cisis* 233 B, *c e dis ais* 71, *c dis ais disis*
116 B. — B) *c g b ges, c e fis cis*, Dppvorh. (Dg.) zum unvollst.
§: *c g b ges* in *c as as ges* und dgl. — Enh. s. *c g fis ais* 71 B.

r5 g3 k3 g2 ü4 ü2 ü1 dv5 dv4 dü2: *c g a cis disis* ist hier nur 54.
eingeschaltet, um eine Lücke der Nummerirung auszufüllen. Man
könnte sich allenfalls *c* als Orgelpunkt, darüber den alterirten
Dmspatcc.: *g a cis eis* mit Vorhalt *disis* vorstellen.

r5 g3 k3 k2 ü4 ü2: A) *c g e des* = *c e g des* (*c h fis dis*) — 55.
1) schlecht unvollst. kleiner Nonenaccord oder Vorh. der k9 zum
Oberdominantdrkl. Haydn, Jahreszeiten: *d es fis a* in *d d g b*;
— 2) mit *e* als Grundton verm. Sptacc. mit Vorh.: *e des g c* in
e des g b, häufig — 3) mit *g* als Grundton Dppvorh. zum kleinen
Sptacc.: *g des c e* in *g des b f*; — 4) mit *des* als Grundt. seltene
Durchgangsform: *des g c e* zwischen *des as des f* und *des as des*

55. *f*. — Enh. s. *c g e cis* 49. — B) *c g es fis* = *c es g fis* (*c a e dis*). — 5) Mit *c* als Grundton gewöhnliche Durchgangs-, seltenere Vorhaltserscheinung. Anticipation, Bach, Motette: *c c e a dis* in *h fis fis h dis*. — 6) Mit *es* als Grundt. schlechter Dppvorh.: *es g c fis* in *es g b g*. — 7) Mit *g* als Grundt. gewöhnliche vierstimmige Form des sog. Terzdecimenaccordes. Haydn, Jahresz.: *g c es fis* in *g h d g*. Mozart, vierhändige Fmollphant. $\frac{3}{4}$ C $\frac{3}{4}$: *c c c as h f c* in *c c c g c e c*. Oft. In Gesammttonart auf I, *c f as h*, II, *d g b cis*, III, *e a c dis* (z. B. vor *e g c e*), IV, *f b des e*, wegen der unmittelbaren Nähe der Fmolltonart fraglich, weil ebensogut der allernächstliegenden Tonart wie der tonalen Chromatik beizulegen, V, *g c es fis* oben angeführt, VI, *a d f gis*, leicht als Vorhalt zum Nebendreiklang II, VII, *h e g ais* (vor *g f g h*?) sehr fraglich. — Enh. s. *c g fis dis* 93.

56. r5 g3 k3 k2 ü2 v4: A) *c g e dis* = *c e g dis* — 1) in *c e g e* als Durchg. oder Vorh. — 2) *e c dis g* in *e c dis fis*; *e g c dis* in *e g h e*. — Enh. *c a e cis* 38, *c a gis eis* 207, *c a cis disis* 159, *c e dis fisis* 141, *c h gis dis* 56 B, *c gis eis gisis* 160, *c dis fisis disis* 259 B. — B) *c g es fes* (*c h gis dis*) = *c es g fes*; — 3) in *c es as es*; — 4) *es g fes ces* in *es g fes b*; — 5) Vorh. zum verm. Sptacc.: *g fes c es* in *g fes b des*; — 6) Nbsptacc. III in Moll mit Vorh.: *fes c es g* in *fes c es as*, Desmoll. Enh. s. *c g e dis* 56.

57. r5 g3 k3 k2 v4 ü1: A) *c g as ces*, *c a cis gis*, enh. s. *c g h gis* 57 B. — B) *c g h gis*. — Enh. *c a cis gis* 57, *c e h dis* 42, *c e cis eis* 136, *c h gis fisis* 229, *c h dis disis* 191, *c eis eis disis* 191 B, *c cis gis gisis* 126, *c gis fisis aisis* 190.

58. r5 g3 k3 ü4 ü2 v3: A) *c g e ais* = *c e g ais* — 1) übm. Sextaccord, dritte Form, mit alterirtem verminderten Sptacc. als Grundaccord. Als übm. $\frac{6}{5}$ alltäglich, als Grundacc., $\frac{4}{3}$ und 2 seltener. Im zweiten Thema von Beethovens Gdurconcert ist der Accord *g h f d* zu lesen: *g heis d*. Grundacc. Bach, Crucifixus: *cis g b es* in *d g a d*; Weber, Oberonouv.: *dis a c f*; Beethoven, Cismollquartett: *his fis a a d* und *his a fis d* vor *cis gis eis cis*; Meyerbeer: *fis as c es*, *fis c es as* in Figuration von Cello und Bratsche, Struenseeouv. vor dem Cdursatz. Terzquartacc. Mozart, Gmollquintett I gegen den Schluss: *g b cis es* in *g a c d*. Secund-

r5 g3 k3 v4 ü1 ü3 : c g e ces

accord; Beethoven, op. 132: *c a f dis*; Wagner, Walküre, Vorspiel: **58.**
f b d gis. — 2) *c* als Grundton Dppvorh. zum unvollst. Undecacc.:
c g ais e in *c g h f*, — 3) *e* als Grundton Dppvorh. zum Moll-
accord: *e g c ais* in *e g h h*, — 4) *g* als Grundton: *g c e ais* in
g h d g, übrigens auch *c e g ais* in *g d g h*. — Enh. *c d a fis*
47, *c d fis gisis* 177, *c a dis eis* 226, *c a fis cisis* 210, *c e ais
fisis* 156, *c fis gis dis* 86 B, *c fis cisis gisis* 115 B, *c dis eis gisis*
176, *c ais fisis disis* 212 B. — B) *c g es bb (c fis dis ais) = c es
g bb*, — 5) Vorhalt zur Oberdominante. Beethoven, A moll-
quartett: *dis h f gis* in *e h e gis*; Schubert, Winterreise: *es fis a
a cis a* in *d fis a a d a*, — 6) Dppvh. zum Sextaccord: *c es bb
g* in *c es as as*, — 7) auf den übm. Sextacc. bezogen, Wagner,
Tristanvorspiel, Takt 2: *f h dis gis* in *f h dis a*. Enh. *c g a dis* 86.

r5 g3 k3 ü4 v3 ü1: A) *c g e ges (c fis cis ais) = c e g ges* aus **59.**
dem Dmspt. (*as c es ges*) durch Erhöhung der Quinte und Durch-
gang von *g* leicht herzustellen, *g ges c e* vor und nach *as ges c e*.
— Enh. s. *c g e fis* 51. — B) *c g es cis (c a e ais) = c es g cis*
als zweiter Accord in der Accordverbindung *e c g c, es c g cis, d
c g d, d c fis d* und dgl. — Enh. s. *c g cis dis* 98 B.

r5 g3 k3 ü2 v3 dv5: A) *c g e bb = c e g bb, c dis ais fisis*. — **60.**
1) Im Orgelpunkt, Wagner, Walküre: *f his dis gis*, wo aber Schreib-
art enharmonisch zweifelhaft, — 2) als übm. Sextacc. vierter
Form mit Vorhalt: *bb e g c* in *bb e g des* (vgl. Tristan und
Isolde) und in anderen Combinationen. — Enh. s. *c g a e* 19. —
B) *c g es ais = c es g ais (c a e fisis)*, als dreifacher Vorh. zum
Durdreikl. naturgemäss: *g c es ais* in *g d g h*. Hier liegt der
einfache Unterdominantschluss zu Grunde: *c c es g* in *g d g h*,
daraus wird durch den Unterdominantstellvertreter II_7: *c es g a*
in *g d g h*, daraus durch tonal chromatische Erhöhung: *c es g ais*.
(Vgl. Praktische Harmonielehre Nr. 376, 3, wenn man *f* an Stelle
von *fis* in *d fis a his* setzt.) Liszt, Hmollsonate: *b gis des f* in
a gis cis eis. — Enh. s. *c g a e* 19.

r5 g3 k3 v4 ü1 ü3: A) *c g e ces = c e g ces (c cis gis eis)* etwa **61.**
ces e g c in *ces f as des*. — Enh. s. *c g e h* 16. — B) *c g es
gis = c es g gis (c a e eis)*. Mozart, G mollquintett: *b es ges h*
in *a es ges c*; orgelpunktartig: *g c es gis* in *g c es a*. Beide nicht
fernliegend. — Enh. s. *c g e h* 16.

3*

62. r5 g3 k3 v4 ü3 v2: **A)** *c g e his* = *c e g his*. — Enh. s. *c g e* 44. — **B)** *c es g ases*, *c gis eis his*, möglich durch Consequenz der Stimmführung in Gegenbewegung. Wagner, Venusberg: *b d f ais* zwischen *h d f a* und *a d f h*. Auch:

h	h	h	h	h	eis	eis	eis	eis	eis
f	e	f	ges	f	h	ais	h	c	h
d	d	d	d	d	gis	gis	gis	gis	gis
g	as	g	fis	g	cis	d	cis	his	cis

Enh. s. *c g es* 44 B.

63. r5 g3 k3 v3 ü1 ü3: **A)** *c g e eis* = *c e g eis*. — Enh. s. *c g d h* 22. — **B)** *c g es eses* (*c cis ais eis*). — Enh. s. *c g d dis* 29.

64. r5 g3 k3 v3 ü3 dü1: **A)** *c g e eses* = *c e g eses* (*c ais eis cisis*), z. B.

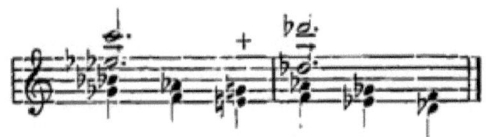

Enh. s. *c g d e* 21. — **B)** *c g es eis* (*c a e cisis*) = *c es g eis*, z. B. vor *c es g fis* in *g d h g*. — Enh. s. *c g d ais* 28 B.

65. r5 g3 k3 v3 dv5 dü1: **A)** *c g e cisis* = *c e g cisis*. — Enh. s. *c g d e* 21. — **B)** *c g es geses* (*c ais fisis cisis*), *c es g geses*. — Enh. s. *c g d ais* 28 B.

66. r5 g3 k3 ü3 dü1 dv4: **A)** *c g e gisis* = *c e g gisis*. Herold, Zampa: *b d f fisis*, allerdings nur ein Sechzehntel, Vorh. zum übm. Sextacc. Enh. s. *c g a e* 19. — **B)** *c g es ceses* = *c es g ceses*, *c eis cisis gisis*. — Enh. s. *c g a e* 19.

67. r5 g3 g2 k2 ü4 ü1: **A)** *c g as ges* (*c d fis cis*), gut unvollst. Dmsptacc. mit hrmfr. Ton: *as c ges* mit *g*, natürlich. — Enh. s. *c g fis gis* 97 B. — **B)** *c g h cis*, etwa durch Durchgang: *h g h cis cis*, *h g h cis c*, *h fis h dis h*. Enh. *c d cis gis* 97, *c e fis eis* 172 B, *c h fis ais* 69 B, *c h cis fisis* 257, *c cis gis cisis* 118 B, *c fis eis disis* 287.

68. r5 g3 k2: **A)** *c g as* (*c e h*) — 1) als dreistimmiger Vorhaltsacc.: *as c g* schon bei Palestrina alltäglich: *es g d* in *es g c*, Schütz: *b a d* in *b g d*; — 2) Dppvorh. zu *g*, Mozart, Don Juan, Nr. 2, Anfang des Vorspiels beim Wiedererscheinen der entflohenen Donna r5 g3 k2 ü4 ü2 v3 : c g des bb   37

Anna: *c g as* in *h g g*, von gesteigerter Wirkung durch das *sf* und das **68.**
Verlöschen von *as* in *g*; — 3) Durchgang der harmonischen
Molltonart, Beethoven, path. Finale: *as c g* zwischen *h d g* und
g h g. — 4) Durch Wechselnote oder Anticipation, Mozart, Cdur-
symph. I, wo die Melodie: *d ˙ d cis f e ˌ b a*, bei *e* mit *f a* der
Bläser zusammentrifft und *a e f* bildet. Gesammttonart I ♭II
II? ♭III III? IV V ♭VI VI? ♭VII VII?, in C: *c e h*, *des f c*,
d fis cis, *es g d*, *e gis dis*, *f a e*, *g h fis*, *as c g*, *a cis gis*, *b d a*,
h dis ais. Jeder in 11 Tonarten, z. B. *c e h* in C, H, B, A, As,
G, F, E, Es, D, Des. — Enh. s. *c g gis* 127 B. — B) 5) *c g h*
unvollst. Nbsptacc. IV: *c (e) g h* in Gdur; z. B. im dreistimmigen
Satz, Cdur: *f c e* zwischen *e c e* und *g c e*; — 6) gewöhnliche Anti-
cipation vor der Zeit der klass. Instrumentalmusik: *g h c* in *c c c*,
Gluck, Orpheus: *a cis a d* in *d f a d*. — 7) Gesammttonart: I
♭II II ♭III III IV V ♭VI VI ♭VII VII, in C: *c g h*, *des as c*,
d a cis, *es b d*, *e h dis*, *f c e*, *g d fis*, *as es g*, *a e gis*, *b f a*, *h
fis ais*, jeder in 11 Tonarten, z. B.: *c g h* in C, H, B, A, As, G,
F, E, Es, D, Des. — 8) Beide verschiedene unvollständige Formen
desselben Nebenseptimenaccordes. — Enh. *c e eis* 194 B,
c h fisis 293, *c cis gis* 127, *c fisis aisis* 199.

r5 g3 k2 k2 ü4 v3: A) *c g as fis*, *c e h ais*, Orgelpunkt mit **69.**
übm. Sextacc.: *g as c fis*. Mozart, Idomeneo-Ouv.: *d es g cis* in
d fis d. — Enh. s. *c g fis gis* 97 B. — B) *c g h des*, *c h fis ais*,
ähnlich, aber weniger natürlich: *c des g h* in *c c e c*. — Enh. s.
c g h cis 67 B.

r5 g3 k2 k2 ü2 v3: A) *c g as bb*, *c h dis ais*, etwa *as c bb g* in **70.**
as c as as. — Enh. s. *c g a gis* 85. — B) *c g h ois*, etwa *h g c ais*
in *h fis h h*. — Enh. *c d a cis* 52 B, *c a cis cisis* 163, *c e dis
eis* 173 B, *c h cis gis* 85 B, *c h ais fisis* 230 B, *c dis eis disis*
260 B, *c cis cisis gisis* 128.

r5 g3 k2 ü4 ü2 v3: A) *c g des bb (c e dis ais)*, — 1) etwa in **71.**
c as c as als dreif. Vorh. — 2) *des bb c g* in *des as ces as*. —
Enh. s. *c g a cis* 53. — B) *c g fis ais*; — 3) gewöhnlich: *g c
fis ais* in *g h g h*; — 4) *c fis ais g* in *c fis ais fis*; — 5) *c ais
g fis* in *c ais g e*, naheliegender Vorhalt zum übm. Sextacc. —
Enh. *c d a gis* 84 B, *c a gis cisis* 233, *c e fis cis* 53 B, *c h dis*

eis 171 B, *c fis cis disis* 116, *c fis ais fisis* 158 B, *c gis cisis gisis* 120.

72. **r5 g3 k2 ü4 v3 ü3: A)** *c g as eses (c fis ais eis)*, etwa — 1) as *c g eses* in *f ces as des*. — Enh. s. *c g d gis* 27 B. — **B)** *c g h eis* etwa — 2) in *fis fis ais fis*. — Enh. s. *c g d fis* 23 B.

73. **r5 g3 k2 ü4 ü1 ü3: A)** *c g as cis, c e h eis*. — Enh. s. *c g h fis* 24. — **B)** *c g h ges, c fis cis eis*. — Enh. s. *c g h fis* 24.

74. **r5 g3 k2 ü2 v4 dv5: A)** *c g as dis, c e h fisis*. — Enh. s. *c g e h* 16. — **B)** *c g h fes, c gis dis fisis*, etwa: *c h g fes* nach und vor *c c as es*. — Enh. s. *c g e h* 16.

75. **r5 g3 k2 ü2 v3 dü1: A)** *c g as ais (c e h cisis)* etwa: *g c ais as* vor und nach *g h h g*. — Enh. s. *c d e h* 50. — **B)** *c g h bb (c dis ais cisis)* etwa: *c g h bb* vor und nach *c as c as*. — Enh. s. *c g a h* 50 B.

76. **r5 g3 k2 ü2 dv5 dü1: A)** *c g as geses (c dis fisis cisis)* = *cis gis a ges*, etwa: *cis a gis ges* vor *d h gis f* und hinter *c a a g*. — Enh. s. *c g d dis* 29. — **B)** *c g h cisis*,

wo also *h* den Grundton abgiebt. — Enh. s. *c g d h* 22.

77. **r5 g3 k2 v3 ü3 dv4: A)** *c g as eis (c e h gisis)*. — Enh. s. *c g d dis* 29. — **B)** *c g h eses, c ais eis gisis*. — Enh. s. *c g d h* 22.

78. **r5 g3 ü4 v3 ü1 ü3: A)** *c g eses ges, c e ais eis*, enh. s. *c g d fis* 23 B. — **B)** *c g cis eis*. — Enh. s. *c g d gis* 27 B.

79. **r5 g3 ü2 v3 dv5 dü1: A)** *c g geses bb, c e fisis cisis*, enh. s. *c g d e* 21. — **B)** *c g ais cisis*. — Enh. s. *c g d ais* 28 B.

80. **r5 g3 v3 ü3 dü1 dv4: A)** *c g ceses eses, c e cisis gisis*, enh. s. *c g d ais* 28 B. — **B)** *c g eis gisis*. — Enh. s. *c g d e* 21.

80b. **r5 k3 k3 k3 g2 k2 ü4 ü4 ü2 v4: A)** *c g b des fes, c a fis gis dis*, — 1) Terz der Molldurtonart mit Vorh. des vrm. Sptacc. Schubert, A mollsonate: *a g b des e des* in *a a c f c*, ebd. *e h d f as f* in *e c g, c g b des fes des* in *c as es c*, — 2) im stark modulirenden Orgelpunkt, Mozart, Gmollquintett I: *d es ges a c* in *d d f b*, wo *d* im Bass Dominante von Gmoll, in der 2. Bratsche Terz von Bdur ist. — B) *c g a fis ais*, dasselbe in Moll: *g dis fis a c*, noch häufiger. Schubert, Am Meer „fielen die Tropfen": *f b cis g e* in *f a d f d* (Nbdrkl. II); Bach, Amollfuge: *c d gis | d f gis h* in *c e a | c e a* (Tonica); Beethoven, Son. path.: *as b e g des e g des* in *as c f as c c*; Mendelssohn, Sommernachtstraum-ouv.: *c d gis f h d* (2½ Takt lang) in *c e a e a c*. **80 b.**

r5 k3 k3 g2 g2 k2: *c g a b (c d a h)*, — 1) mit *c* als Grundton schlecht unvollst. Sptacc. mit unvortheilhaftem Vorhalt: *c g b a*; — 2) guter, schon bei Schütz vorkommender Terzenvorhalt: *g b a c* in *g b g b*, *a g c b* in *a f c a* (Schütz, Passion; bei Riedel aber in Desdur), beides besonders bei Terzenfortschreitungen in Gegenbewegung. — Enh. s. *c g a ais* 89. **81.**

r5 k3 k3 g2 k2 ü4: A) *c g a fis* — 1) Betrachtet man *c* als Grundton, so kann man *fis* und *a* als Vorhalte zur Unterdominante, auch als Wechseldom. bei Orgelpunkt von I und V ansehen, auch als Durchgang zwischen IV und I: *c g g e*, *c g a fis*, *g g h g*. — 2) *g* als Grundton ergiebt eine gewöhnliche vierstimmige Form des sog. Undecimenaccordes, Schütz: *g c fis a* in *g d g h*. Haydn, Jahresz.: *c d f h c*, wo der hohe Ton des Hahnenschreies durch die Dissonanz des Grundtones in der Oberstimme treffend charakterisirt wird. — 3) Mit *a* als Grundton Nbsptacc. mit Vorhalt: *c g a fis* in *c g a e*. — 4) Mit *fis* als Grundton schlechter, aber durch Gegenbewegung verbesserungsfähiger vrm. Drkl. (am besten der II. Stufe) mit Vorh., *a fis c g* in *a fis c fis*. — Enh. *c g fis gisis* 106 B, *c a fis fisis* 211, *c d h eis* 220 B, *c fis fisis gisis* 270, *c h eis cisis* 232 B, *c a dis ais* 94, *c dis ais gisis* 105 B, *c fis cis dis* 87. — B) *c g b des (c a h fis)* — 5) mit *c* als Grundton schlecht unvollst. Nonenacc. Häufige Orgelpunkts-, Vorhalts-, Durchgangs-Dissonanz: *c b des g* in *c as c f*. — 6) Mit *g* als Grundton Vorh. zum verm. Drkl.: *b g des c* in *b g des b*, Gluck, Armide: *f d as g* in *f d as f*. In Bach's Hmollmesse, Arie: „Quoniam tu solus" Takt 14 entsteht das *fis e g cis* durch die Terz *fis* des Ddurdreiklanges, als Wechselnote statt *e*, gegen den vrm. Drkl. — 7) *b des g c* als Dpplvorh. in *b des f des*. — Enh. s. *c g cis ais* 94 B. **82.**

83. **r5 k3 g2: A)** *c g a*. — 1) Gewöhnliche Vorhaltsbildung schon im strengen Satz: *a c g* in *a c f* auch in *a c fis*. — 2) Mit *g* als Grundton gewöhnlicher zweistimmiger Vorhalt: *g c a* in *g h g*. — 3) Unvollst. Nbsptacc.: *a a c g* in *h g h dis* in Schütz's Passion, bei Riedel: *des des fes ces* in *es ces es g*, Asmoll. Gesammttonart I ♯I II ♯II III IV ♯IV V ♯V VI ♯VI? ♭VII VII, in C: *c es b, cis e h, d f c, dis fis cis, e g d, f as es, fis a e, g b f, gis h fis, a c g, b des as, h d a*. Jeder in 13 Tonarten, z. B. *e g d* in E, Es, D, Des, C, H, B, A, As, G, Ges, Fis, F. Auf ♯I leicht vorzustellen als Doppelvorhalt zum verm. Dreiklang, Sextacc., z. B. in C: *cis e h* vor *d f h*. — Enh. *c g gisis* 132 B, *c a fisis* 249, *c fisis gisis* 282, *c d eis* 278 B, *c eis cisis* 250 B, *c dis ais* 125. — **B)** *c g b (c d a)*. — 4) Als unvollst. Sptacc. schon mit relativer Selbständigkeit bei Palestrina, z. B.:

Palestrina: „Sub tuum praesidium".

Später als unvollst. Sptacc. II, III, IV Moll bei Bach oft, V, VI gewöhnlich. Gesammttonart I ♯I II ♯II ♭III III IV ♯IV V ♯V VI ♭VII? VII, in C: *c g b, cis gis h, d a c, dis ais cis, es b des, e h dis f c es, fis cis e, g d f, gis dis fis, a e g, b f as, h fis a*. Jeder in 13 Tonarten, z. B. *e h d* in E, Es, D, Des, Cis, C, H, B, A, As, G, Fis?, F. — Enh. s. *c g ais* 125 B.

84. **r5 k3 g2 k2 ü4 v4: A)** *c g a des, c h fis gis*, enh. s. *c g a cis* 53. — **B)** *c g b fis (c d a gis)*. Letzteres ergiebt sich auch leicht als unvollst. sog. Undecacc. mit Vorh.: *g c fis b* in *g c fis a*, in dieser Weise alltäglich. — Enh. s. *c g fis ais* 71 B.

85. **r5 k3 g2 k2 v4 ü1: A)** *c g a gis*, Wagner, Walküre II, Einleit. *as es f c: f* (Orgelpunkt) *as e es* (Vorh.) in *f as e des*. — Enh. *c g gis gisis* 128 B, *c a gis fisis* 230, *c gis fisis gisis* 265, *c d cis eis* 173, *c cis eis cisis* 163 B, *c h dis ais* 70, *c e h cis* 52. — **B)**

c g b ces (c h cis gis) kann sich leicht aus einem Durchgang ergeben, z. B. als zweiter der folgenden Accorde: *des ces g b, c ces g b, des ces g b, des ces as ces.* — Enh. s. *c g h ais* 70 B.

r5 k3 g2 ü4 ü2 v4: A) *c g a dis* — 1) mit *c* als Grundton schlechter Dppvorh. zum Drkl.: *c g a dis* in *c g g e.* — 2) *a* als Grundton guter Vorh. zum Nbspt.: *c g a dis* in *c g a e.* — 3) Nicht seltener dreif. Vorh. zum kl. Dreikl. als tonischem wie als Nebenaccord: *g a c dis* in *g g h e.* — 4) Mit *d* als Grundton verm. Sptacc. mit Vorh.: *dis a c g* in *dis a c fis*. Doppelvorhalt zum kleinen Septacc. II: *c d f gis* in *h d f a*, wird ausser Zusammenhang mit dem einfachern Zusammenklang: *c d f as*, Nbsptacc. II C, verwechselt. Mozart, Es-dursinfonie II: *ces fes g des* in *b fes g des*; Wagner, Tristan-Vorspiel: *c f gis d* durch *c f gis dis* in *c e gis e.* — Enh. *c g dis gisis* 115, *c a dis fisis* 156, *c dis fisis gisis* 177 B, *c d gis eis* 226 B, *c gis eis cisis* 210 B, *c fis dis ais* 38 B, *c a e fis* 47 B. — B) *c g b fes (c fis gis dis).* — 5) Dreif. Vorh. zur Durterz, Raff, Weltende, Schluss eines Chores: *as es as c, b fes g c, as es as c.* Bach, mit Trugfortschr.: *cis f gis h* in *c dis fis a*, aus dem Crucifixus. — 6) Doppelvrh. zum Dmsptacc.: *c g b fes* in *des g b es*; *as h d e* über Orgelpunkt *g* vor *g h d f*, Beethoven, Bdursonate, op. 22, Adagio. — 7) einf. Vorh. zum verm. Sptacc.: *g b c fes* in *g b des fes* u. dgl. — Enh. s. *c g e ais* 58.

r5 k3 g2 ü4 ü2 ü1: A) *c g a ges, c fis cis dis.* — Enh. s. *c g a fis* 82. — B) *c g b eis (c d a dis)* im Orgelpunkt naheliegend, *c g b cis* in *c f a d*, und häufig. Vgl. Nr. 46, 155 B. — Enh. s. *c g cis ais* 94 B.

r5 k3 g2 ü2 v4 ü3: A) *c g a fes (c gis dis eis)* etwa *a c g fes* vor *b des g es.* — Enh. s. *c g o e* 19. — B) *c g b dis (c d a eis)* Schumann, Dichterliebe. 8.

Enh. s. *c g a e* 19.

89. **r5 k3 g2 ü2 v3 ü1: A)** *c g a ais*. — Enh. *c g ais gisis* 112 B, *c a ais fisis* 214, *c d dis eis* 255, *c cis dis ais* 89 B, *c d a h* 81. — **B)** *c g b bb (c cis dis ais)*. — Enh. s. *c g a ais* 89.

90. **r5 k3 g2 v4 v3 ü1: A)** *c g a ces, c cis gis ais*, enh. *c g a h* 50 B. — **B)** *c g b gis, c d a ais*. — Enh. s. *c g gis ais* 100 B.

91. **r5 k3 g2 v4 v3 ü3: A)** *c g a eis*. — Enh. s. *c g d e* 21. — **B)** *c g b eses, c gis ais eis*. — Enh. s. *c g d ais* 28 B.

92. **r5 k3 g2 ü3 dv5 dü1: A)** *c g a cisis*. — Enh. s. *c g d a* 12. — **B)** *c g b geses, c eis fisis cisis*. — Enh. s. *c g d a* 12.

93. **r5 k3 k2 ü4 ü2 v4: A)** *c g fis dis* — 1) alltägliche Durchgangs- und Vorhaltsgestalt, *c g fis dis* in *c g e g;* — 2) oft Mollterz mit verm. Sptacc.: *g dis fis c* in *g e g h*. Mozart, Cmollsonate 1: *es h d as* in *es c es g*; Beethoven, path., Introduction ebenso. — Enh. *c a e dis* 55 B, *c a fis cis* 49 B, *c a dis disis* 242, *c e dis gisis* 185 B, *c h gis eis* 206 B, *c fis dis fisis* 157, *c dis gisis disis* 117, *c fis cis gisis* 114, *c dis fisis eisis* 188 B. — **B)** *c g des fes, c a gis dis*. — 3) Durterz mit vrm. Sptacc.: *c g des fes* in *c as c es*; — 4) auch umgekehrt: *g des fes c* in *g des fes b*. — Enh. s. *c g e cis* 49.

94. **r5 k3 ü4 ü2 v3 ü1: A)** *c g ges bb, c a dis ais*. — Enh. s. *c g a fis* 82. — **B)** *c g cis ais*. — Enh. *c d a dis* 87 B, *c a h fis* 82 B, *c a dis cisis* 232, *c h fis gisis* 105, *c fis dis eis* 220, *c cis ais fisis* 211 B, *c dis cisis gisis* 106.

95. **r5 k3 v4 v3 ü1 ü3: A)** *c g ces eses, c a ais eis*. — Enh. s. *c g d h* 22. — **B)** *c g gis eis*, Wagner, Walküre: *gis b h es* vor *gis as h es*. — Enh. s. *c g d dis* 29.

96. **r5 k3 v3 ü3 dv5 dü1: A)** *c g eses geses (c a fisis cisis)*, etwa vor *ces as des fes*. — Enh. s. *c g d a* 12. — **B)** *c g eis cisis*, etwa vor *h a fis dis* bei vorhergehenden Parallelen kleiner Terzen. — Enh. s. *c g d a* 12.

97. **r5 g2 k2 ü4 v4 ü1: A)** *c g ces des, c d cis gis*, enh. s. *c g h cis* 67 B. — **B)** *c g fis gis*, leicht vor *g c fis a*. — Enh. *c d fis cis* 67, *c e h ais* 69, *c h cis eis* 172, *c h ais disis* 287 B, *c fis cis cisis* 118, *c fis gis fisis* 257 B.

98. **r5 g2 ü4 ü2 v4 ü1: A)** *c g fes ges, c d gis dis*, enh. s. *c g e fis* 51. — **B)** *c g cis dis*. — Enh. *c d h fis* 51 B, *c a e ais* 59 B,

r5 k2 ü4 ü2 v3 dv4 : c g des ais

c h fis cisis 104, *c fis gis eis* 221 B, *c cis dis fisis* 175, *c ais gisis disis* 110.

r5 g2 ü2 v4 v3 ü3: A) *c g dis eis.* — Enh. s. *c g d ais* 28 B. 99.
B) *c g eses fes* = *c d ais eis*, z. B. von *h dis a fis* einzuführen, schwerer etwa von *cis e ais e*. — Enh. s. *c g d e* 21.

r5 g2 ü2 v4 v3 ü1: A) *c g bh ces*, *c d dis ais.* — Enh. s. *c g a* 100.
h 50 B. — B) *c g gis ais*. — Enh. *c d a ais* 90 B, *c d e h* 50, *c a ais cisis* 164, *c e h cisis* 75, *c cis dis eis* 169, *c gis ais fisis* 223 B.

r5 k2 k2 ü4 ü4 ü3: *c g des fis* (*c h fis eis*) etwa vor und nach 101.
c g c g. — Enh. s. *c g fis cis* 32.

r5 k2 k2 ü4 v3 ü3: A) *c g des eses*, *c h ais eis*, enh. s. *c g d* 102.
cis 26 B. — B) *c g fis eis*. — Enh. s. *c g d cis* 26 B.

r5 k2 ü4: A) *c g des* (*c h fis*) — 1) sehr unvollst. kl. Nonen- 103.
accord. Beethoven, Les Adieux etc., Sonate: *f c ges* hinter *f d b*. — 2) Nebennonenaccord d. i. Terz der Tonica mit der **v5** VII: Bach, A mollfuge für Klavier: *d a es*. — 3) Vorhaltsbildung im dreistimmigen Satz naheliegend, *des g c* in *des g b*. Gesammttonart I ♯I II ♯II III ♯IV V ♯V VI VII, in C: *c g des*, *cis gis d*, *d a es*, *dis ais e*, *e h f*, *fis cis g*, *g d as*, *gis dis a*, *a e b*, *h fis c*; jeder in 10 Tonarten, z. B. *e h f* in E, Es, D, Des, C, B, A, As, G, F. — Enh. s. *c g cis* 121 B. — B) *c g fis.* — 4) Sehr unvollst. sog. Undecimenacc. Bach, Klavier-Sinfonie, Schluss: *c f h* in *c e c*; Beethoven, path. Son.: *b es a* in *b d b*, viermal hintereinander, daselbst noch öfter. — 5) Gewöhnliche Vorhaltsbildung: *c g fis* in *c g e*. — 6) *c des ges*, Beethoven, F mollsonate, op. 2: II, ♭III und ♭VI der B molltonart verbunden. Gesammttonart I ♭II II ♭III III IV V ♭VI VI ♭VII, in C: *c g fis*, *des as g*, *d a gis*, *es b a*, *e h ais*, *f c h*, *g d cis*, *as es d*, *a e dis*, *b f e*; jeder in 10 Tonarten, z. B. *c g fis* in C, H, B, A, As, G, F, E, Es, D. — Enh. *c h eis* 291, *c fis cis* 121, *c fis fisis* 301 B.

r5 k2 ü4 ü2 v4 dü1: A) *c g des dis* (*c h fis cisis*) etwa *c g dis* 104.
des vor und hinter *c g e c*. — Enh. s. *c g cis dis* 98 B. — B) *c g fis fes* (*c gis dis cisis*) etwa *c g fis fes* vor und hinter *des g g es*. — Enh. s. *c g e fis* 51.

r5 k2 ü4 ü2 v3 dv4: A) *c g des ais* (*c h fis gisis*) etwa auf übm. 105.
Sextacc. und Orgelpunkt bezogen in der Folge: *c as des h*, *c g des ais*, *c f des h*, *c e c c*. — Enh. s. *c g cis ais* 94 B. — B) *c*

g fis bb (c dis ais gisis) etwa auf übm. Sextacc. mit Vorhalt bezogen in der Folge: *bb g c g, bb g c fis, bb g des g* u. s. w. — Enh. *c g a fis* 82.

106. **r5 k2 ü4 ü2 dü1 dv4:** A) *c g des ceses, c dis cisis gisis,* enh. *c g cis ais* 94 B. — B) *c g fis gisis.* — Enh. s. *c g a fis* 82.

107. **r5 k2 ü4 v4 ü1 dv5:** A) *c g des gis, c h fis fisis.* — Enh. s. *c g h fis* 24. — B) *c g fis ces, c cis gis fisis.* — Enh. s. *c g h fis* 24.

108. **r5 k2 ü4 v4 dü1 dv5:** A) *c g des geses, c gis fisis cisis.* — Enh. s. *c g d gis* 27 B. — B) *c g fis cisis.* — Enh. s. *c g d fis* 23 B.

109. **r5 k2 ü4 v3 ü3 dü2:** A) *c g des eis, c h fis disis.* — Enh. s. *c g d gis* 27 B. — B) *c g fis eses, c ais eis disis.* — Enh. s. *c g d fis* 23 B.

110. **r5 k2 ü4 v3 dü2 dv4:** A) *c g des feses, c ais gisis disis.* — Enh. s. *c g cis dis* 98 B. — B) *c g fis disis.* — Enh. s. *c g e fis* 51.

111. **r5 k2 ü2 v4 dv5 dü1:** A) *c g dis cisis.* — Enh. s. *c g d dis* 29. — B) *c g fes geses, c h fisis cisis.* — Enh. s. *c g d h* 22.

112. **r5 k2 ü2 v3 dü1 dv4:** A) *c g bb ceses, c h cisis gisis.* — Enh. s. *c g a ais* 89. — B) *c g ais gisis.* — Enh. s. *c g a ais* 89.

113. **r5 ü4 ü4 ü1 ü1 dv5:** *c g ges cis, c fis cis fisis.* — Enh. s. *c g fis cis* 32.

114. **r5 ü4 ü2 v4 ü1 dv4:** A) *c g ges dis, c fis cis gisis.* — Enh. s. *c g fis dis* 93. — B) *c g cis fes, c gis dis gisis.* — Enh. s. *c g e cis* 49.

115. **r5 ü4 ü2 v4 dü1 dv4:** A) *c g dis gisis.* — Enh. s. *c g a dis* 86. — B) *c g ceses fes, c fis cisis gisis.* — Enh. s. *c g e ais* 58.

116. **r5 ü4 ü2 v3 ü1 dü2:** A) *c g ges ais, c fis cis disis.* — Enh. s. *c g fis ais* 71 B. — B) *c g cis bb, c dis ais disis.* — Enh. s. *c g a cis* 53.

117. **r5 ü4 ü2 ü1 dü2 dv4:** A) *c g ges feses, c dis gisis disis.* — Enh. s. *c g fis dis* 93. — B) *c g cis disis.* — Enh. s. *c g e cis* 49.

118. **r5 ü4 v4 ü1 ü1 dü1:** A) *c g ges gis, c fis cis cisis.* — Enh. s. *c g fis gis* 97 B. — B) *c g cis ces, c cis gis cisis.* — Enh. s. *c g h cis* 67 B.

119. **r5 ü4 v4 ü1 dv5 dü1:** A) *c g ces geses, c fis fisis cisis.* — Enh. s. *c g d fis* 23 B. — B) *c g gis cisis.* — Enh. s. *c g d gis* 27 B.

r5 ü4 v4 ü1 dü1 dv4: A) *c g ges ceses, c gis cisis gisis.* — Enh. 120.
s. *c g fis ais* 71 B. — B) *c g cis gisis.* — Enh. s. *c g a cis* 53.

r5 ü4 ü1: A) *c g ges (c fis cis)* — 1) naheliegend im dreistimmigen 121.
Satz: *c ges g* vor *c ges as*; — 2) Mozart, Cmollfuge: *h e b.*
Gesammttonart ♯I II ♯II III ♯IV V ♯V VI VII, in C: *cis gis g,
d a as, dis ais a, e h b, fis cis c, g d des, gis dis d, a e es, h
fis f*; jeder in 9 Tonarten, z. B. *cis gis g* in C, H, B, A, G, Fis,
F, E, D. — Enh. *c g fis* 103 B, *c h eis* 291, *c fis fisis* 301 B. —
B) *c g cis* — 3) naheliegend: *cis g c* vor *cis g b*, Beethoven,
Son. op. 7, I: *fis c fis f* vor *fis c fis es a c es*. — 4) Aus der
entgegengesetzten Richtung hervorgehend, Bach, Wtp. Kl. 1, 24,
Tkt. 23: *h fis his.* — 5) Gesammttonart I ♭II II ♭III IV V ♭VI
VI ♭VII, in C: *c g cis, des as d, d a dis, es b e, f c fis, g d gis, as es a,
a e ais, b f h*; jeder in 9 Tonarten, z. B. *c g cis* in C, H, B, A,
G, F, E, Es, D. — Enh. *c h fis* 103, *c fis eis* 194, *c cis fisis* 301.

r5 ü4 ü1 ü1 dv5 dü1: A) *c g ges geses (c cis fisis cisis)*, euh. s. 122.
c g d cis 26 B. — B) *c g cis cisis.* — Enh. s. *c g d cis* 26 B.

r5 ü2 v4: A) *c g dis* — 1) gewöhnlicher Vorh. im dreist. Satz: 123.
c g dis in *c g e*; Beethoven, Dmollson. I, Takt 11: *f c gis* — 2) Dppvh.
vor k3 u. k6 des Sxtacc.: *dis g c* vor *dis fis h*: Mozart, Cdursymph.
I nach der Generalpause in der Reprise: *e as des* vor *es g des*,
welches sich in *es g c* auflöst. — 3) Vorhalt der ♯II, Beethoven,
Quartett, op. 135, Poco Adagio: *es fis b b* mit Fermate; Wagner,
Walküre I, kurz vor dem Ziehen des Schwertes „Nothung": *gis c
f* in *a cis f*. Gesammttonart I ♭II ♭III IV V ♭VI ♭VII, in C:
c g dis, des as e, es b fis, f c gis, g d ais, as es h, b f cis; jeder
in 7 Tonarten, z. B. *c g dis* in C, H, A, G, F, E, D. — Enh.
c a e 44 B, *c a disis* 251, *c e gisis* 198 B, *c gis eis* 247 B, *c dis
fisis* 195, *c gis eis his* 62 B. — B) *c g fes (c gis dis)* — 4) nahe-
liegend: *g fes c* in *g fes b*; — 5) Dppvh. vor dem Dursextaccord;
Bach, Magnificat, Nr. 9: *ais d eis* in *ais cis fis*. — 6) Der Esdur-
accord in Liszt's Hmollsonate, Seite 2, ist seiner harmonischen
Genesis nach wohl als *g ais dis* aufzufassen und nur der leichteren
Lesart wegen in *g b es g* enharmonisch verwechselt. Es ist also
hier nicht nothwendig, an eine entfernte Modulation oder an Aus-
dehnung der tonalen Chromatik bis zur ♭IV zu denken. — 7) Ge-
sammttonart ♯II III ♯IV ♯V VI VII, in C: *dis ais g, e h as,*

fis cis b, gis dis c, a e des, h fis es; jeder in 6 Tonarten, z. B. *e h as* in Des, C. B, As, G, F. — Enh. s. *c g e* 44.

124. r5 ü2 v4 v4 ü1 dü2: A) *c g dis ces, c cis gis disis*. — Enh. s. *c g h dis* 43 B. — B) *c g fes gis, c gis dis disis*. — Enh. s. *c g e gis* 41.

125. r5 ü2 v3: A) *c g bb (c dis ais)*, am leichtesten auf den übm. Sextacc. bezogen: *bb g c* in *bb g des*. Gesammttonart ♯I ♯II III ♯IV ♯V VII, in C: *cis gis b, dis ais c, e h des, fis cis es, gis dis f, h fis as*; jeder in 6 Tonarten, z. B. *h fis as* in B, As, G, F, Es, C. — Enh. s. *c g a* 83. — B) *c g ais*, unvollst. übm. Sextacc. Gesammttonart I, ♭II, ♭III, IV, ♭VI, ♭VII, in C: *c g ais. des as h, es b cis, f c dis, as es fis, b f gis*; jeder in 6 Tonarten, z. B. *c g ais* in C, H, A, G, E, D. — Enh. *c d a* 83 B, *c d gisis* 282 B, *c a cisis* 250, *c dis eis* 278b, *c ais fisis* 249 B, *c cisis gisis* 132.

126. r5 v4 v4 ü1 ü1 dv4: *c g gis ces = c cis gis gisis*. — Enh. s. *c g h gis* 57 B.

127. r5 v4 ü1: A) *c g ces (c cis gis)*. —. Enh. s. *c g h* 68 B. — B) *c g gis* etwa *c gis g* in *c a g, g c gis* in *fis c a*. Mozart, Cmollfuge: *f c cis* in *g h d*. — Enh. *c e h* 68, *c h disis* 296, *c cis eis* 194 B, *c gis fisis* 293 B.

128. r5 v4 ü1 ü1 dü1 dv4: A) *c g ces ceses, c cis cisis gisis*. — Enh. s. *c g h ais* 70 B. — B) *c g gis gisis*. — Enh. s. *c g a gis* 85.

129. r5 v3 ü3: A) *c g eses, c ais eis*. — Enh. s. *c g d* 25. — B) *c g eis*; beide etwa in Beziehung zum übm. Sextaccord: *eses c g* in *eses c as, g eis c* in *g eis h*, auch: *e g h e* in *c g c eis* in *a fis c fis*. Vgl. 91. — Enh. s. *c g d* 25.

130. r5 ü3 v2: A) *c g ases (c eis his)*, etwa: *as c ges, ases c g, ges c as*. — B) *c g his*, etwa: *cis g h, c g his, h g cis*. Aehnlichen Fall bei Wagner s. Nr. 62. — Enh. s. für beide *c g* 3.

131. r5 dv5 dü1: A) *c g geses (c fisis cisis) = cis gis ges* durch Stimmführung möglich, z. B. bei chrom. Ober- und Unterstimme: *g g c, ges gis cis* in *ges a cis*, folgt *f a d, f a es, b b d*. — Enh. *c g d* 25. — B) *c g cisis*, etwa *g c cisis* in *g c dis*, worauf *g h e*. — Enh. s. *c g d* 25.

131b. r5 dv5 v2: A) *c g fisis*, enh. s. *c g* 3. — B) *c g deses, c his fisis*. — Enh. s. *c g* 3.

r5 dü1 dv4: A) *c g ceses, c cisis gisis* (= *cis gis ces*), *ces a cis*, möglich, wenn gut eingeführt, mit Auflösung in *b b d*. — Enh. s. *c g ais* 125 B. — B) *c g gisis*, etwa *c gisis g* in *c ais g* (Nr. 124). — Enh. s. *c g a* 83.   **132.**

g3, grosse Terz, *c e*, das Intervall der Tonverbindung zur höheren Einheit des Accordes, der als solche ein neues Tonsystem begründet. In der Tonart ist die Terz nicht der fünfte Quintton, sondern eine besondere Art die Quinte ausfüllender Ton: Terzton. Mit dem vierten Ton hört im modernen Tonsystem die Quintbildung der Tonart auf. — 1) Die **g3** kann daher auch den Accord vertreten; die Quinte, auch wenn sie fehlt, ist Voraussetzung der Terz, also gleichsam in ihr mit gegeben. — 2) In der Analyse geht die **5** immer der **3** voran, erst wenn jene fehlt, kommt diese an die Reihe, und zwar zunächst, um die fehlende **5** festzustellen. — 3) Im strengen Satz war der Dreiklang nur eine Consonanz, noch nicht tonsystematische Grundeinheit, man konnte daher auch ohne Terz schliessen. Im gegenwärtigen Tonsystem schliesst man nicht selten mit Terz ohne Quinte, der seltene Schluss ohne Terz geschieht entweder in Anlehnung an das vorhergehende Tonsystem der harmonischen Consonanz oder in besonderer ästhetischer Bedeutung. — 4) **g3** und **k3**, welche zusammen die Ausfüllung der Quinte zum Accord bilden, wie **r5** und **r4** die Octave ausfüllen, begründen sowohl im Accord wie in der Tonart den fundamentalen Gegensatz des modernen Tonsystems zwischen Dur und Moll, daher die zuweilen bemerkbare Neigung, die grosse Terz etwas schärfer, die kleine etwas matter zu nehmen, welche der natürlichen Reinheit zuwider ist, der temperirten Stimmung aber entspricht. — 5) In der Gesammttonart findet sich die grosse Terz auf I, ♭II, II, ♭III, III, IV, ♯IV, V, ♭VI, VI, ♭VII, VII, in der Gesammttonart C, z. B. *c e, des f, d fis, es g, e gis, f a, fis ais, g h, as c, a cis, b d, h dis*. Also kann jede **g3** in 12 Tonarten vorkommen, z. B. *c e* in C, H, B, A, As, G, Ges, F, E, Es, D, Des. — 6) Als melodisches Intervall ist die **g3** aufwärts (*c e*) ausser anderem Zusammenhang, d. i. zu Anfang einer Melodie, Grundton und Terz, **g3** abwärts (*e c*, Anfang der Cmollsymph.: *g es*), Quinte und Terz, jenes Dur, dieses Moll, weil der erste Ton als Quintton gehört wird.   **133.**

133. wenn auch nachträgliche Andersbelehrung nicht ausgeschlossen ist. Als Zusammenklang am Anfang ist **g3** Grundton und Terz, weil der Bass gleichsam als erster Ton gehört wird. — 7) Das Umkehrungsintervall **k6** hat harmonisch gleiche Bedeutung. In der Melodie ist **k6** aufwärts *(e c)* Quinte und Terz in Moll, weil der erste Ton Quintton, abwärts *(c e)* Grundton (Octave) und Terz in Dur (Lortzing, Czar und Zimmermann: „Denn ich bin klug und weise"). Als Zusammenklang *(e c)* hat es beide Bedeutungen: Terz und Grundton oder Quinte und Terz. In der Gesammttonart auf I, ♭I, II, ♭II, III, IV, ♯IV, V, ♯V, VI, ♯VII, in C: *e as, cis a, d b, dis h, e c, f des, fis d, g es, gis e, a f, ais fis, h g.* Jede in zwölf Tonarten, z. B. *e c* in E, Es, D, Des, C, H, B, A, As, G, Ges, F. — Enh. *c gis* 305, *c disis* 315, *c fisisis* 321, *c cisisisis* 321, *c gis his* 196. — Das Intervall der **g3** findet sich im vorliegenden Lexicon Nr. 4—11, 13—24, 38—80, 133—200 mit zahlreichen Compositionsbeispielen.

134. g3 g3 k3 g2 k2 ü4 ü2 v4 v3 dv5: *c e gis b des (c a h dis fisis)* alterirter kleiner Nonenaccord mit erhöhter Quinte. Modern. Raff, op. 132, Klaviersuite: *d fis c es ais* in *g d h g h*; Wagner, Walküre: *es g des fes h* in *es as c es as c.*

135. g3 g3 k3 v4 ü1 ü3: A) *c e gis es (c a cis eis),* etwa *c e gis es* als Vorhalt zum Dmspfacc. vor *c f a es.* — Enh. s. *c g e gis* 41. — B) *c e as cis, c e gis eis,* naheliegend: *c e as cis* vor *h f g d*; Mozart, Gmollsymph. erster Satz: *g h gis es* in *fis c a d = c e cis as* in *h f d g.* — Enh. s. *c g h dis* 43 B.

136. g3 g3 k3 ü1 ü1 ü3: *c e cis eis,* etwa vor *c d d fis.* — Enh. s. *c g h gis* 57 B.

137. g3 g3 g2 g2 g2 ü4: *c e b d, c d e fis* — 1) Gewöhnliche Gestalt des vierstimmigen Nonenaccordes. Lully († 1687), Theseus: *a g h cis* (Nebennonenacc. IV-emoll mit erhöhter Sexte) in *h fis a dis*; seitdem, meist als V, überall. Beethoven, Arie der Leonore, *h dis a cis* in *h a dis fis*. Wie jeder Nonenaccord auch als Sptacc. mit Nonenvorhalt. — 2) Doppelvorhalt: *b d c e* in *b d b d,* bei Terzengängen in Gegenbewegung. — Enh. *c d gis ais* 254, *c d e ais* 168 B, *c d ais disis* 276 B, *e e fis cisis* 178 B, *c e ais cisis* 144, *c fis cisis disis* 274, *c fis gis ais* 168, *c gis ais cisis* 178, *c ais cisis eisis* 147.

g3 g3 g2 g2 ü4 v4: **A)** *c e gis d, c d e gis* — 1) häufige Doppelvorhaltserscheinung, wahrscheinlich schon im XVII. Jahrhundert vorkommend, *c e gis d* in *c e a c*, auch in *f f a c*. Bach, Emollmotette: *d fis fis ais e* in *d fis ais e fis* in *d fis h d fis*. — 2) Alltäglicher, oft missbräuchlicher Vorhalt der Mollterz zum Dmsptacc. Schubert. Son. op. 120: *a g cis f* in *a g cis e* (= *e d gis c* in *e d gis h*); op. 122, zweiter Satz, Anfang: *g b d g, d c fis b* in *d c fis a*. — Enh. *c d fis ais* 140, *c d gis disis* 273 B, *c e fis gis* 138 B, *c e gis ais* 140 B. *c e gis cisis* 143 B, *c fis ais cisis* 143. *c gis cisis disis* 273, *c fis gis disis* 272, *c gis ais disis* 272 B. — **B)** *c e as d, c e fis gis*, etwa *c e as d* vor *h f as d* oder *h f g d*. *c e fis gis* vor *h dis fis a* oder *c e fis a*. — Enh. s. *c d e gis* 138. **138.**

g3 g3 g2 ü4 ü4 v3: *c e fis ais* — 1) als übm. Sextacc. zweiter Form (zuweilen französischer genannt) häufig, seltener im Grundaccord und den anderen Umkehrungen. Wagner, Walküre: *fes as d b* in *es as es ces*, gleich darauf *bb es g des* in *as c ges es*. — 2) dreifacher Vorhalt: *e fis ais c* in *e g h*. Schubert, Winterreise, Frühlingstraum; — 3) selten, aber nicht schlechter, *c e fis ais* in *g d g h*, wo *c* und *e* zur Unterdominante gehören. — Enh. s. *c d fis gis* 167. **139.**

g3 g3 g2 ü4 v4 v3: **A)** *c e gis b, c d fis ais*, alltägliche Alteration des Dmsptacc. durch Erhöhung seiner Quinte. Wirkt durch häufigen Gebrauch leicht etwas gewöhnlich. — Gesammttonart I II ♭III IV V ♭VII?. in C: *c e gis b, d fis ais c, es g h des. f a cis es, g h dis f, b d fis as?*: jeder in 6 Tonarten, z. B. *g h dis f* in G F E D C A. — Enh. s. *c d e gis* 138. — **B)** *c e gis ais* stellt eine seltene Alteration des kleinen Sptacc. dar. Schubert „Aufenthalt" *es g cis h* in *d g d h*. Raff, Weltende, die Pest: *f h des f a*, ebenda Arie: *e ges b d ges*. — Enh. s. *c d e gis* 138. **140.**

g3 g3 k2 ü2 ü2 dv5: *c e dis fisis*, etwa *e c dis fisis* in *e h e gis*. Vgl. Nr. 153 B 5). — Enh. s. *c g e dis* 56. **141.**

g3 g3 k2 ü2 v4 dv5: **A)** *c e gis des, c h dis fisis*. Wagner, Walküre: *d ais es fis* in *d h d g*, unvollst. alterirter kl. Nonenacc. — Enh. s. *c g h dis* 43 B. — **B)** *c e gis fisis*. Schubert, Sonate, op. 120: *f cis cis a his* in *e cis cis a cis*. — Enh. s. *c g e gis* 41. **142.**

g3 g3 ü4 v4 v3 dü1: **A)** *c e gis ges (c fis ais cisis)*, etwa: *g c es g, ges c e gis, f c f a*. — Enh. s. *c d e gis* 138. — **B)** *c e as* **143.**

Bussler, Lexikon.

ais (c e gis cisis), etwa: *c a a e, c ais as e, h h g f*, auch *c e a a* in *c e as ais* in *g d g h*. — Enh. s. *c d e gis* 138.

144. g3 g3 ü4 v3 v3 dü1: *c e eses ges = c e ais cisis*, etwa *cis e ais cis, c e ais cisis, h fis h dis*. — Enh. s. *c d e fis* 137.

145. g3 g3 ü2 v4 dv5 dv3: A) *c e gis bb, c dis fisis aisis*. — **B)** *c e as fisis*.

146. g3 g3 v4: *c e gis*, übermässiger Dreiklang — 1) dissonirt absolut, obwohl er kein absolut dissonirendes Intervall enthält. Der Zusammenklang thut hier bereits dasselbe, was sonst der Zusammenhang thut, er schliesst die enharmonische Tilgung der Dissonanz aus, so dass immer eine solche bleibt: verwandle ich *gis* in *as*, so gewinne ich die Consonanz der **k6**, verliere aber die Consonanz der zweiten Terz, welche sich in die Dissonanz der **v4** verwandelt; ebenso wenn ich *e* in *his* verwandle, entsteht zwar die Consonanz *his gis*, aber auch die Dissonanz **v4**, *his e*. So bleibt der Accord unter allen Umständen, also absolut dissonirend. — 2) In der Gesammttonart, einschl. der tonalen Chromatik, entstehen übm. Dreiklänge auf I, ♭II, II, ♭III, IV, V, ♭VI, ♭VII, in C: *c e gis, des f a, d fis ais, es g h, f a cis, g h dis, as c e, b d fis*; jeder übm. Drkl. daher in 8 Tonarten möglich, z. B. *a cis eis* in Cis, D, E, Fis, G, Gis, A, H. — 3) Im strengen Satz nur als seltener Durchgang. Im XVII. Jahrhundert selbständiger. Von älteren Theoretikern zuweilen inconsequent in den strengen Satz aufgenommen. Jetzt als mannigfaltiges, für milden und scharfen Ausdruck geeignetes Mittel beliebt. Streit zwischen d'Alembert und Rameau über die harmonische Bedeutung dieses Accordes. Heinrich Schütz († 1672), Passion bei Riedel: *f des f a* in *ges des f b*; Bach, Magnificat: *cis gis h d*, General-Pause, dann Adagio: *fis ais fis d fis, fis fis fis ais d* in *g d fis h*; Haydn, Jahreszeiten, Gewitter „Weh": *g h es* in *a es a c*; Mozart, Cdursymph.: *h dis g h* in *c e g h*, Cosi fan tutte: *d fis b* in *es g b*; Beethoven, op. 127. Esdurquartett.

Wagner. Walkürenmotiv. **146.**

[music notation]

4) Vh. vor gr. u. kl., Dppvb., vor gr. u. vrm. Drkl. — Enh. *c gis disis* 306. Andere enh. Vw. geben denselben Accord in anderer Tonart.

g3 g3 v4 v3 dü1 dü3: A) *c e gis eses, c ais cisis eisis.* — Enh. **147.** s. *c d e gis* 138 B. — **B)** *c e gis eisis.* Enh. s. *c e fis gis* 138 B.

g3 g3 v4 ü1 ü3 dv4: A) *c e gis ces, c cis eis gisis.* — Enh. s. *c* **148.** *g e gis* 41. — **B)** *c e gis gisis.* — Enh. s. *c g h dis* 43 B.

g3 g3 ü1 ü3 ü3 dv4: *c e gses ces, c e eis gisis.* Etwa letzteres **149.** in *c e fis ais,* Dppvb. vor übm. Sextacc. — Enh. s. *c g e h* 16.

g3 k3 k3 ü4 v3 ü1: A) *c e es ges, c a fis ais,* vrm. Drkl. u. Dg. **150.** — Enh. s. *c d h gis* 205 B. — **B)** *c e cis ais,* etwa: *ais cis c e* zw. *a c c e* und *h d h d* durchgehend. — Enh. s. *c d fis dis* 155 B.

g3 k3 k3 v3 ü1 ü1: *c e es cis, c a cis ais* durchgehend, etwa **151.** zwischen *c a c a* und *g g d h.* — Enh. s. *c d h dis* 154.

g3 k3 g2 g2 k2 ü1: A) *c e cis d, c d e cis.* — Enh. *c d h ais* **152.** 218 B, *c d cis disis* 261 B, *c a gis ais* 222, *c e cis cisis* 161 B, *c h cis dis* 169, *c h ais cisis* 183, *c cis cisis disis* 278, *c gis ais gisis* 264 B. — **B)** *c e es d, c a h cis.* — Enh. s. *c d e dis* 166 B.

g3 k3 g2 k2 ü4 ü2: A) *c e b des* (*c a h dis*) — 1) Uebliche Form **153.** des vierst. kleinen Nonenaccordes. Bach, aus zwei Motetten:

4*

g3 k3 g2 k2 ü2 ü1 : c e es des

153.

Alltäglich. — 2) Schlechter Vorh. zum verm. Sptacc.: *e b des c* in *e b des b*. — 3) Doppelvorh.: *b des c e* in *b des des f*. — 4) Dreifacher Vorhalt, *des c e b* in *des des f as*. — Enh. s. c d fis dis 155 B. — B) *c e dis fis*. — 5) Häufige Form des unvollst. sog. Terzdecimenaccordes: *e c dis fis* in *e h e g*. — 6) Dppvorh. zum Duraccord: *c e dis fis* vor *c e e g*.

Beethoven, op. 10, Nr. 3, I.

7) Schlechtester Vorh. zum vrm. Sptacc.: *dis fis c e* in *dis fis c dis*. Ebensolcher Dppvh. zum Drkl. — Enh. s. c d h gis 205 B.

154. **g3 k3 g2 k2 ü2 ü1:** A) *c e es des*, *c d h dis*, enh. *c a h gis* 204, *c a cis ais* 151, *c e cis dis* 154 B, *c h dis cisis* 182, *c cis ais gisis* 236, *c cis dis disis* 276. — B) *c e cis dis*. — Enh. s. c d h dis 154.

155. **g3 k3 g2 ü4 ü2 ü1:** A) *c e es fis* (*c a cis dis*). Sehr zweifelhaft, etwa: *c e fis es* vor *h f g d*, oder: über *es* als Orgelpunkt mit weit gehender Modulation. — Enh. s. c d h gis 205 B. — B) *c e cis b* (*c d fis dis*) naturgemässe Orgelpunktsbildung. Berühmtes Beispiel: Mozart, Don Juan, Ouv., Allegro, Takt 10: *d fis dis c* in *d fis dis h*. Seitdem oft, aber wohl schon vorher, vielleicht bei Bach oder Händel. — Enh. *c a h dis* 153, *c a fis gis* 205, *c e cis ais* 150 B, *c h dis gisis* 184, *c fis dis cisis* 231, *c cis ais disis* 241, *c dis cisis eisis* 189, *c fis gis gisis* 269.

156. **g3 k3 ü4 ü2 v3 dv5:** A) *c e ges bb* (*c a dis fisis*) — 1) Alterirter vrm. Sptacc. mit Beziehung zum Duraccord: *c e ges bb* in *des*

f f as, auch in Umkehrungen, Liszt, Hmollsonate, gegen den Schluss: *g ais e ais cisis* in *h fis h ' dis fis h dis*. Beethoven, Eroica, erster Satz: *ges es a cis* in *ges d b d* in *f d b d*. — 2) auch als Dppvorb. zum folgenden Accord: *bb ges c e* in *bb g des e*. — Enh. s. *c g a dis* 86. — B) *c e ais fisis* — 3) der übm. Sextacc. vierter Form mit der dü4. Mozart, Cdursymph., Finale, Ende der Durchführung: *as c dis fis* in *g c d f*; Schubert, am Meer, Anfang: *c as c dis fis c* in *c g c e g c* (vgl. r 8) populärstes Beispiel; Chopin, A moll-Etude: *des gis h f gis h f* in *c a f a c a*; Schumann, Dichterliebe, 16: *bb des e g des* in *as ces d f as ces d* u. v. A. — 4) Vielleicht irgendwo als alterierter vm. Sptacc. mit erniedrigter Quinte: *dis fis as c*, dem freilich die Grenzen der tonalen Chromatik (s. Einführung) die Beziehung zur Tonica *e* erschweren würden. — Enh. s. *c g e ais* 58.

g3 k3 ü4 ü2 ü1 dv5: A) *c e es bb*, *c fis dis fisis*, enh. *c g fis dis* 93. — **B)** *c e cis fisis*. — Enh. s. *c g e cis* 49.   157.

g3 k3 ü4 v3 ü1 dv5: A) *c e es ais*, *c a cis fisis*, enh. s. *c g a cis* 53. — **B)** *c e cis ges*, *c fis ais fisis*. — Enh. s. *c g fis ais* 71 B.   158.

g3 k3 ü2 ü1 dv5 dü2: A) *c e es fisis*, *c a cis disis*, enh. s. *c g e dis* 56. — **B)** *c e cis bb*, *c dis fisis disis*. — Enh. s. *c g e dis* 56.   159.

g3 k3 v4 ü1 ü3 dv4: A) *c e es ases*, *c gis eis gisis*, enh. s. *c g e dis* 56. — **B)** *c e cis gisis*. — Enh. s. *c g e dis* 56.   160.

g3 k3 v3 ü1 ü1 dü1: A) *c e es eses*, *c cis ais cisis*, enh. s. *c d e dis* 166 B. — **B)** *c e cis cisis*. — Enh. s. *c d e cis* 152.   161.

g3 k3 ü1: A) *c e es* (*c a cis*) nicht seltene Durchgangs- oder Vorhaltsbildung. Mozart, G mollquintett, Andante: *a as f* vor *a (c) g es*; Beethoven, Fdurquartett, op. 18, erster Satz: *d b des* vor *e b des*. — Enh. *c e dis* 187 B, *c h gis* 234 B, *c cis gisis* 308 B, *c dis disis* 304 B, *c gis aisis* 303 b. — **B)** *c e cis*, ebenfalls nicht seltene Durchgangs- oder Vorhaltsbildung. Mozart, Don Juan, Ouv.: *d d fis dis* in *d d e g*, *g h gis* in *f c a*; A dur-Duosonate (die grössere): *ais cis a*, *his dis h* im kurzen Vorh. auf erstem Takttheil. Sehr merkwürdiges Beispiel von Bach, wo gleichsam der erniedrigte Grundton der Tonart, mindestens die erniedrigte Quinte des Accordes in die tonale Chromatik hineingezogen wird: 162.

54   g3 k3 ü1 ü1 ü3 dü1 : c e es eis

162.   Wtp. Kl. II. 23, Prael.

Enh. s. c a gis 234.

163. **g3 k3 ü1 ü1 ü3 dü1:** A) c e es eis, c a cis cisis, enh. s. c g h ais 70 B. — B) c e cis ces, c cis eis cisis. — Enh. s. c g a gis 85.

164. **g3 k3 ü1 v3 ü3 dü1:** A) c e ces eses, c a ais cisis, enh. s. c d e h 50. — B) c e eis cisis, letzteres in Raff's „Weltende", Tod und Hölle: c as ais cis in c as h d. — Enh. s. c g a h 50 B.

165. **g3 g2 g2:** c e d (c d e). — 1) Sogar in Secundennähe der Töne häufige, schon im strengen Satz gebrauchte Vorhaltsdissonanz: c d e vor c c e oder a c e, — 2) d c e vor d c d, Nonenvorhalt zur Septime, die zuweilen den Sptacc. vertritt, — 3) e d c vor e d h, wo e Dominante (A moll), aber auch eine andere Tonartstufe sein kann, und dgl. — 4) Bach, Magnificat: h dis cis in h cis a, cis eis dis in cis dis h, wo alle vier Accorde den vorliegenden Fall vertreten. — 5) Durch den Sprung der Dissonanz (Wechselnote c) merkwürdiger Schluss einer Klavier-Sinfonia von Bach: b d c in es es g. — In der Gesammttonart auf I, II, ♭II, III?, ♭III, IV, ♯IV?, V, VI, VII?, ♭VII, wovon häufig I, ♭III, IV, V, naheliegend II, ♭II, die andern zweifelhaft. — Enh. c d ais 279 B, c d disis 284 B, c e cisis 197 B, c gis ais 279, c ais cisis 197, c cisis disis 284.

166. **g3 g2 g2 k2 ü2 ü1:** A) c e d des, c h cis dis, enh. s. c d e cis 152. — B) c e d dis, c d e dis, letzteres z. B. d c e dis in d c e. — Enh. c d dis disis 278 B, c d cis ais 222b, c a h cis 152 B, c e dis cisis 183 B, c h gis ais 218, c h cis gisis 264, c cis ais cisis 161, c dis cisis disis 261.

167. **g3 g2 g2 ü4 ü4 v4:** c e b fis (c d fis gis) häufiger Vorhalt vor dem Dmsptacc. Mozart, Gdurquartett, erster Satz: cis a g dis in cis a g e. — Enh. c e fis ais 139, c fis gis cisis 267, c fis ais disis 193.

g3 g2 g2 ü4 v4 v3: A) *c e d ges, c fis gis ais*. — Enh. s. *c d e* **168.**
fis 137. — **B)** *c e d ais, c d e ais* z. B. *d c ais e* in *g h h d*. —
Enh. s. *c d e fis* 137.

g3 g2 g2 ü2 ü1 ü3: A) *c e d ces, c cis dis eis*. — Enh. s. *c d e* **169.**
h 50. — **B)** *c e d eis, c d e eis*. — Enh. s. *c g a h* 50 B.

g3 g2 g2 ü2 ü3 dv5: A) *c e d bb, c dis eis fisis*. — Enh. s. *c g* **170.**
d ais 28 B. — **B)** *c e d fisis, c d e fisis*. — Enh. s. *c g d e* 21.

g3 g2 k2 ü4 ü2 ü3: A) *c e b dis, c d fis eis*, enh. s. *c g a cis* **171.**
53. — **B)** *c e fis des, c h dis eis* z. B. *c e fis des* in *c e g c*. —
Enh. s. *c g fis ais* 71 B.

g3 g2 k2 ü4 ü1 ü3: A) *c e b ces, c h cis eis*, enh. s. *c g fis gis* **172.**
97 B. — **B)** *c e fis eis*. — Enh s. *c g h cis* 67 B.

g3 g2 k2 ü2 ü1 ü3: A) *c e ces des, c d cis eis*, Mozart, Cmoll- **173.**
fuge: *b a cis as* in *b b d g*. dieses hier Nbdrkl. III. Auch
Dppvh. zum Dmsptacc. — Enh. s. *c g a gis* 85. — **B)** *c e dis
eis*, etwa als Vorh. zum unvollst. sog. Terzdecimenaccord: *e c
dis eis* in *e c dis fis*. — Enh. s. *c g h ais* 70 B.

g3 g2 ü4: A) *c e b, c d fis*. — 1) alltägliche Form des unvollst. **174.**
Dominant-Sptacc. Heinr. Schütz: *h f g* vor *c f g*. — 2) In der
Gesammttonart auf I, II, III, ♭III, IV, ♯IV, V, VI, VII?, ♭VII?
Auf ♭III bei Schubert, Atlas: *as b d* = ?II ♭III V in Gmoll,
nachher durch *fis* = VII ergänzt (vgl. Harml., 2. Aufl. S. 206).
— Enh. *c e ais* 194 B. *c fis gis* 271, *c fis cisis* 300 B, *c ais disis*
300 b, *c cisis eisis* 200, *c fis his cisis* 268, *c gis eisis* 307. — **B)** *c
e fis*, — 3) dreistimmige Form des kl. Sptacc., Lotti: Vere
languores: VII Dur: *e b d* vor *f a c*; Durante († 1755), Miseri-
cordias: H fmoll, *des f g* in *c e g*. Gesammttonart ♯I II ♯II
III ♯IV V ♯V VI VII, in C: *cis g h, d as c, dis a cis, e b d,
fis c e, g des fis, gis d fis, a es g, h f a*; jeder in 9 Tonarten, z. B.
fis c e in F, E, Es. D. C, H, B, A, G. — Enh. s. *c d gis* 271 B.

g3 g2 ü4 ü2 ü1 dv5: A) *c e b bb, c cis dis fisis*. **B)** *c e fis fisis*. **175.**

g3 g2 ü4 ü2 ü3 dv4: A) *c e b ases (c dis eis gisis)* etwa auf den **176.**
übm. Sextacc. bezogen: *ases c e b* auf *ges c e b*. — Enh. s. *c g
e ais* 58. — **B)** *c e fis gisis* ebenso, z. B. auf *c e fisis ais*; Raff,
Weltende: *g es a his* in *g es a cis*. — Enh. s. *c g a dis* 86.

g3 g2 ü4 ü2 dv5 dv4: A) *c e b fisis, c d fis gisis*, enh. *c g e* **177.**
ais 58. — **B)** *c e fis bb, c dis fisis gisis*. — Enh. s. *c g a dis* 86.

178. **g3 g2 ü4 v4 v3 dü1**: A) *c e b eses, c gis ais cisis*, z. B. *e b eses c vor f as des des.* — Enh. s. *c d e fis* 137. — B) *c e fis cisis*, z. B. *cisis c e fis* vor *dis h dis fis.* — Enh. s. *c d e fis* 137.

179. **g3 g2 ü4 ü1 ü3 dv5**: A) *c e b eis, c d fis fisis*, enh. s. *c g d fis* 23 B. — B) *c e fis ces, c cis eis fisis*, enh. s. *c g d gis* 27 B.

180. **g3 g2 ü2 ü1 ü3 dv5**: A) *c e bb ces, c d dis fisis*, enh. s. *c g d dis* 29. — B) *c e eis fisis*, enh. s. *c g d h* 22.

181. **g3 g2 ü2 ü3 dv5 dv4**: A) *c e ases bb, c d eis gisis*, etwa *bb c ases e* in *bb c ges e* (?), enh. s. *c g a e* 19. — B) *c e fisis gisis*, z. B. in *c e fisis ais.* — Enh. s. *c g a e* 19.

182. **g3 k2 k2 ü2 ü2 dü1**: *c e des dis, c h dis cisis.* Ersteres könnte sich auf *c e c e* beziehen. — Enh. s. *c d h dis* 154.

183. **g3 k2 k2 ü2 v3 dü1**: A) *c e des eses, c h ais cisis, des c e eses* in *des des f des.* — Enh. s. *c d e cis* 152. — B) *c e dis cisis, dis c e cisis* in *dis h dis dis.* — Enh. s. *c d e dis* 166 B.

184. **g3 k2 ü4 ü2 v3 dv4**: A) *c e des ais, c h dis gisis*, enh. s. *c d fis dis* 155 B. — B) *c e dis ges, c fis ais gisis*, enh. s. *c d h gis* 205 B.

185. **g3 k2 ü4 ü2 ü3 dv4**: A) *c e des ases, c fis eis gisis*, enh. s. *c g e cis* 49. — B) *c e dis gisis.* — Enh. s. *c g fis dis* 93.

186. **g3 k2 ü4 v3 ü3 dv4**: A) *c e ges ases, c h eis gisis*, enh. s. *c g e fis* 51. — B) *c e ais gisis.* Beide auf übm. Sextaccord (*ges e c* mit Vorh. *ases, c ais e* mit Vorh. *gis*) zu beziehen. — Enh. s. *c g cis dis* 98 B.

187. **g3 k2 ü2**: A) *c e des* (*c h dis*). — 1) Beethoven, Sonate Esdur, op. 7: *es g fes g* in *es g es g* als unvollst. Nonenaccord oder Vorh. zum unvollst. Dreiklang figurirt. — 2) *e des c* in *e des b*, den unvollst. vrm. Sptacc. — 3) Haydn, Sonate: *des c e* in *des des f*, gewöhnliche Vorhalte, Ariadne: *f e gis* in *f f a* ebenso. — 4) Gesammttonart I II III ♯IV V VI VII, in C: *c e des, d fis es, e gis f, fis ais g, g h as, a cis b, h dis c*; jeder in 7 Tonarten, z. B. *e gis f* in E, D, C, B, A, G, E. — Enh. s. *c e cis* 162 B. — B) *c e dis* — 5) in *c e e*, unvortheilhafter Vorhal, alltäglicher Durchgang, — 6) *e dis c* unvortheilhafter Vorhalt, schlecht unvollst. sog. Terzdecimenaccord. Gesammttonart I ♭II ♭III IV V ♭VI ♭VII, in C: *c e dis, des f e, es g fis, f a gis, g h ais,*

g3 ü4 v3 : c e ges   57

as c h, b d cis; jeder in 7 Tonarten, z. B. c e dis in C, H, A, G,
F, E D. — Enh. s. c a cis 162.

g3 k2 ü2 ü2 dv5 dü3: A) c e des fisis, c h dis eisis. — Enh. s. 188.
c g e cis 49. — B) c e dis bb, c dis fisis eisis. — Enh. s. c g
fis dis 93.

g3 k2 ü2 ü2 dü1 dü3: A) c e des ceses, c dis cisis eisis, enh. s. c 189.
d fis dis 155 B. — B) c e dis eisis. — Enh. s. c d h gis 205 B.

g3 k2 ü2 v4 dv5 dv3: c e des geses, c e dis aisis. — Enh. s. c 190.
g h gis 57 B.

g3 k2 ü2 ü1 ü3 dü2: A) c e des eis, c h dis disis, enh. s. c g h 191.
gis 57 B. — B) c e dis ces, c cis eis disis, enh. s. c g h gis 57 B.

g3 k2 ü2 ü1 dü2 v2: A) c e des deses, c cis his disis, enh. s. c 192.
a gis 234. — B) c e dis disis. — Enh. s. c a cis 162.

g3 ü4 ü4 v3 v3 dü2: c e ges ais, c fis ais disis. — Enh. s. c d 193.
fis gis 167.

g3 ü4 v3: A) c e ges (c fis ais), alterirter verm. Drkl. mit er- 194.
höhter Terz, auch aus dem Duraccord (V) durch Erniedrigung
der Quinte entstehend, wie man an folgendem humoristischen
Beispiel Mozart's beobachten kann:

wobei Figaro auf seine angeblich verrenkte Sehne am Fuss zeigt.
Der ⁴⁄₃ unvollst. übm. Sextaccord dritter Form, ohne Terz, auch
Vorhalt zum übm. Sextacc. erster Form: ges c e in ges b e. Zu-
weilen vorkommend. Gesammttonart II III ♯IV V VI VII, in
C: d fis as, e gis b, fis ais c, g h des, a cis es, h dis f; jeder in
6 Tonarten, z. B. h dis f in A, G, F, E, D, C. — Enh. s. c d
gis 271 B. — B) c e ais. **Uebermässiger Sextaccord** erster Form,
sog. italienischer. — 1) In der zweiten Hälfte des vorigen Jahr-
hunderts als solcher alltäglich im Halbschluss der Molltonart, so
bei Mozart, Haydn, deshalb von Beethoven in diesem Gebrauch
schon gemieden. — 2) Vielen modernen Combinationen zu Grunde
liegend. — 3) Grundaccord. vrm. Drkl. mit erniedrigter Terz, in
der classischen Periode sehr viel seltener, dagegen vorher und
nachher, besonders jetzt wieder häufiger. Benedetto Marcello

194. († 1739): *d d fis, d es g, cis es g* in *d d g* in *d d f*; Bach, Hmollmesse, *gis d b* in *a cis b*; Beethoven, op. 132: *dis f a* in *e f gis*; Wagner, Walküre: *f ases ces* in *ges ges ges*. — 4) $\frac{6}{4}$ in weiter Harmonie nicht minder brauchbar, aber zufällig selten. Gesammttonart I ♭II ♭III IV ?VI ?VII. in C: *c e ais, des f h, es g cis, f a dis, as c fis, b d gis*; jeder in 6 Tonarten, z. B. *c e ais* in C, H, A, G, E, D. — Enh. s. *c d fis* 174.

194b. **g3 ü1 ü3: A)** *c e ces (c cis eis)*. — 1) Beethoven, Streichquartett, Esdur, op. 127: *h dis b dis b* in *c g e b e b, h dis b b* in *cis e b b*. Vorhalt zum Dominant- und verm. Sptacc.; Mozart, Cmollfuge: *h dis b* in *c e b*. — Enh. s. *c g gis* 127 B. — **B)** *c e eis* — 2) *eis c e* in *eis h d*, Oppvorh. zum verm. Sptacc. — Enh. s. *c g h* 68 B.

195. **g3 ü2 dv5: A)** *c e bb (c dis fisis)* — 1) drei Hülfsnoten zum Durdreiklang. *c e bb* in *des f as*, Wagner, Lohengrin: *h dis as* in *c e g*; auch in Umkehrungen brauchbar; *e c bb* in *f des as, bb c e* in *as des f*. Gesammttonart III ♯IV VII, in C: *e gis des, fis ais es, h dis as*; jeder in 3 Tonarten, z. B. *h dis as* in G, F, C. — Enh. s. *c a e* 44 B. — **B)** *c e fisis* als Bestandtheil des übm. Sextaccordes vierter Form nicht selten, auch als Durchgangsaccord nach und vor *h e gis*, wo aber die Componisten ungenau gewöhnlich *c e g* schreiben, so dass eine scheinbare Dreiklangs-fortschreitung entsteht. Gesammttonart ♭II ♭III ♭VI, in C: *des f gis, es g ais, as c dis*; jeder in 3 Tonarten, z. B. *c e fisis* in H, A, E. — Enh. s. *c g e* 44.

196. **g3 v4 v2: A)** *c e fes (c gis his)*. — **B)** *c e his*.

197. **g3 v3 dü1: A)** *c e eses (c ais cisis)*. etwa *eses c e* in *eses c f*. — Enh. s. *c d e* 165. — **B)** *c e cisis, e cisis c* vor *e cisis h*, vielleicht auch von: *cis eis cis* chromatisch durch *cisis e c* in *dis dis h*. — Enh. s. *c d e* 165.

198. **g3 ü3 dv4: A)** *c e ases (c eis gisis)*, Raff, Weltende, „Tod und Hölle":

Enh. s. *c g e* 44. — **B)** *c e gisis* auf den übm. Sextacc. *(c e gisis* in *c e ais)* zu beziehen. — Enh. s. *c a e* 44 B.

g3 dv5 dv3: A) *c e geses, c fisis aisis.* — Enh. s. *c g h* 68 B. — **199. B)** *c e aisis.* — Enh. s. *c g gis* 127 B.

g3 dü1 dü3: A) *c e ceses, c cisis eisis.* — Enh. s. *c d fis* 174. — **200. B)** *c e eisis.* — Enh. s. *c d gis* 271 B. — Beide lassen sich auf *c dis fisis*, der zweite auch auf *c e fisis* beziehen. Siehe Nr. 195.

k3. kleine Terz. *c es, (c a)*, Quintcomplement der grossen Terz, **201.** als untere im Moll-, als obere im Duraccord. Nicht fünfter Quintton der Unterdominantseite, sondern von specifischem Charakter des nach unten gebildeten Grossterztones. Von den drei Hauptdreiklängen der Molltonart im modernen Sinn können nur zwei die Mollterz haben, weil sonst die Centralstellung des tonischen verloren ginge. — 1) In der Gesammttonart findet sich die **k3** auf I, ♯I, II, ♯II, III, IV, ♯IV, V, ♯V, VI, ♯VI, VII, ♭VII, in C z. B. *c es, cis e, d f, dis fis, e g, f as, fis a, g b, gis h, a c, ais cis, h d, b des*; jede **k3** kann demnach in 13 Tonarten vorkommen, z. B. *e g* in E, F, Fis, G, As, A, B, H, C, D, Des, D, Es. — 2) Als melodisches Intervall ausser anderem Zusammenhang, also am Anfang, ist die **k3** aufwärts *(c es)* Grundton und Terz des Mollaccordes, abwärts *(es c)* Quinte und Terz des Duraccordes, weil in beiden Fällen der erste Ton als Quintton aufgefasst wird. — 3) Das Umkehrungsintervall der **k3**, die **g6**, hat harmonisch dieselben Eigenschaften, melodisch ist die **g6** aufwärts *(g e)* Quinte und Terz des Dur-Accordes („Ich bin ein Preusse"), abwärts *(e g)* schwankend, überhaupt ohne Harmonie schwer zu singen und kaum vorkommend, vielleicht würde hier ausnahmsweise der erste Ton als Durterz, der zweite als Quinte angesehen, d. h. der Ausführende würde die Vorstellung des fehlenden Grundtones *(c)* zu Hülfe nehmen. Uebrigens ist ja in solchen Fällen nachträgliche Andersbelehrung nie ausgeschlossen (vgl. Einführung V). Zweistimmig *(g e)* ist die Bedeutung ebenfalls schwankend, doch scheint Dur vorzuherrschen, weil der Bass als Quintton aufgefasst wird. Gesammttonart I, ♯I, ♭II, II, ♭III, III, IV, ♯IV, V, ♭VI, VI, ♭VII, VII, in C: *c a, cis ais, des b?, d h, es c, e cis, f d, fis dis, g e, as f, a fis, b g, h gis.* Jeder in dreizehn Tonarten, z. B. *es c* in Es, Eses, D, Des, C, Ces,

201. B, BB, As G, Ges, F, Fes. — 4) Tonmalerisch gilt die k3 abwärts für den Kukuksruf, doch schreibt Beethoven in der Pastoralsymphonie die grosse, d b; in der Natur scheint beides vorzukommen, wie behauptet wird, durch allmähliche Zu- und Abnahme des Intervalls. — Enh. *c gisis* 316, *c dis* 302, *c dis his* 244 B. — Das Intervall der k3 findet sich im vorliegenden Lexicon, Nr. 4 bis 22, 37b—41, 44—66, 80b—96, 134—136, 150—164, 201—251 mit zahlreichen Compositionsbeispielen.

202. **k3 k3 k3 g2 k2 ü4 ü4 ü2 v4 ü3**: *c es ges ases bb (c d h gis eis) = h d f ges as*; Wagner, Walküre, zweiter Akt, dritte Scene nach „packt dich das feste Gebiss", auf der bekannten enharmonischen Vieldeutigkeit des vrm. Sptacc. beruhend, wo *ges* Vorhalt gegen *h d f as*.

203. **k3 k3 k3 ü4 ü4 ü2**: *c es ges a (c a fis dis)* — 1) der **verminderte Septimenaccord**, als solcher alltägliches unentbehrliches Ausdrucksmittel. Die schwankende Dissonanz der ü4 und die sich daraus ergebende Unsicherheit der Tonartbestimmung giebt dem Accord den Charakter. Schon Schütz († 1672) braucht ihn in der Passion (ed. Riedel) für das „Kreuzige!" als Ausdruck dumpfer Wildheit des ungeläuterten Willens der Volksmasse:

Bach, in mächtiger Steigerung des Colorits für den Schrei derselben Menge: „Barrabam!", Gluck oft in ähnlichem Sinn, Mozart für den Eintritt des Geistes im Don Juan, Beethoven in der Schilderung der entsetzlichen Einsamkeit von Florestans Kerkerhaft und bei den Worten des Rocco: „der wie ein Schatten schwebt", im Fidelio. Berühmt ist auch der vrm. Sptacc., in dem sich das Hauptmotiv des Venusberges in Wagner's Tannhäuser einführt. — 2) Daneben ist er Alltagsdissonanz in Moll und Molldur. Da er hier auf dem Leitton steht, dessen Grundton die

Dominante, so ist diese auch für den Accord der eigentliche **203.**
Grundton. Durch die Nähe desselben gewinnt er an Schärfe,
durchgehend bildet er eine milde Dissonanz. — 3) In der Gesammt-
tonart einschl. d. ton. Chrom. lässt er sich herstellen auf ♯I, ♯II,
III, ♯IV, ♯V, ♯VI, VII, z. B. in C: *cis e g b*, *dis fis a c*, *e g b
des*, *fis a c es*, *gis h d f*, *ais cis e g*, *h d f as*, demnach jeder in
7 Tonarten, z. B. *gis h d f* in G, F, E, D, C, H, A. — 4) Von
diesen sind ♯II, ♯IV (diese als Wechseldominante) sehr häufig,
die anderen weniger und den zum Theil berechtigten Meinungs-
verschiedenheiten über die Grenzen der Modulation und tonalen
Chromatik ausgesetzt. — 5) ♯I kommt als Einführung des Neben-
dreiklanges II vor, Mozart, Idomeneo, Nr. 1, Arie der Ilia „ma
quel sembiante, oh Dei. odiare", wo *f as h d* von *ges b es* nach
es g c (Nebendreiklang II) führt; Beethoven, Fidelio, erstes Finale,
Andante, com moto $\tfrac{6}{8}$: *g b des e* von *g b es* nach *as c f* in gleicher
Bedeutung. — 6) ♯II schwankt häufig in der Schreibart mit ♯IV,
z. B. wird in C bald *fis a c dis*, bald *fis a c es* geschrieben,
wobei ersteres mehr dem melodischen, letzteres dem accordbildenden
Princip entspricht. Als Durchgangsaccord mit innigem, wohl zur
Sinnlichkeit neigenden Ausdruck, wie in dem kleinen Fdur $\tfrac{2}{4}$ im
Duett des vierten Aktes der Hugenotten von Meyerbeer, mit be-
liebtem Vorhalt des Leittons, *f gis h d* (Vorhalt *e*) vor *f a c*;
ähnlich und in gleicher Tonart im ersten Akt der Afrikanerin
„O thu's um mich, thu's o Selica"; Mendelssohn, Gmollconcert,
Final-Allegro, Takt 2, *g ais cis e* nach und vor *g h d*, daselbst
öfter. Durch allzu häufigen Gebrauch anstössig geworden. —
7) III in C: *e g b des* wegen Nähe der Tonartverwandtschaft in
der Bedeutung schwankend. — 8) ♯IV, alltägl. Wechseldominante;
um ein durch den Verlauf der Melodie recht in die Ohren fallendes
Beispiel anzuführen: Andante der Amollsymph. von Mendelssohn:
dis fis a c vor *e gis h d*, daselbst wiederholt, auch in Edur.
Bach, Weihnachtsoratorium, sechster Theil, erste Nummer, Ddur,
bringt sechsmal in vom Componisten gegen seine Gewohnheit
ausdrücklich vorgezeichnetem Piano diesen Accord; das erste Mal
Takt 20, Adur, *fis a c dis*. — 9) ♯V, in C: *gis h d f*, kann
wegen Nähe der Paralleltonart in der Bedeutung schwanken,
kommt aber durchgehend im tonal chromatischen Sinn unzweifel-

k3 k3 g2 k2 k2 v4 : c es h d

203. haft vor. — 10) ≥VI, z. B. in C: *ais cis e g* nach und vor *h d f g*, wird in der Schreibart mit ♯1 verwechselt. — 11) VII ist der dissonirende Hauptaccord, den man in „Pst. Modulation" vergleiche. — 12) Bei andauernder Fortschreitung in verm. Septimenaccorden, wie immer in Reihen gleicher Intervalle, geräth das Tonartgefühl ins Schwanken, befreien sich gewissermassen die Accorde vom Bande der Tonart. — 13) Als Vorh. zum Dmsptacc. *gis h d f* in *gis h d e* häufig, zum kleinen Sptacc. (II), *h d f gis* in *h d f a*, selten. — 14) Wagner, Lohengrin „Athmest du nicht mit mir die süssen Düfte" *e gis h d* in *f gis d h* in *f a c a*, wo im zweiten Accord *gis d h* als dreifacher Vorhalt zum Nebendreikl. VI anzusehen ist und darin der Unterschied von 6) liegt. — Enh. *c a dis eisis* 240b, *c fis dis gisis* 238. Die andern enh. Vw. ergeben denselben Accord in anderer Tonart (vgl. Harmonielehre), sind schon bei Bach häufig und von besonderem Interesse wegen der harmonischen Sauberkeit des Componisten in den in Partiturstud. Mod. Nr. 351 und 365, 578 gegebenen Mozart'schen Beispielen. In 578 verwandelt sich eine Wechseldominante in die andere.

204. k3 k3 g2 k2 k2 v4: *c es h d (c a h gis)*, durchgehend natürlich: *c es d h* in *c es es c*, *c es fes des* in *c es es c* (Tonica *as*) = *h d es c* in *h d d h* (Tonica *g*). — Enh. s. *c d h dis* 154.

205. k3 k3 g2 k2 ü4 v4: A) *c es ges d (c a fis gis)*, z. B. *es ges c d* in *es ges c* (Parsifal) oder *es ges c es*, wo *d* harmoniefrei ist. — Enh. s. *c d fis dis* 155 B. — B) *c es a des (c d h gis)*, wo *des* nach *c*, *des es a c* in *des des b b*. — Enh. *c a cis dis* 155, *c a fis ais* 150, *c e fis dis* 153 B, *c h gis cisis* 231 B, *c fis ais gisis* 184 B, *c gis cisis aisis* 239 B, *c fis dis disis* 241 B, *c cis dis gisis* 269 B.

206. k3 k3 k2 ü4 v4 ü3: A) *c es ges h (c a fis eis)*, etwa *es ges c h* in *es ges c c*. — Enh. s. *c g e cis* 49. — B) *c es ges ases (c h gis eis)* = *cis e g as*, *as cis e g* ein Sptacc. mit ü3, ü5 und g7, ergiebt sich leicht aus chromatischen Durchgängen oder Vorhalten. Das zweite der folgenden Beispiele von Beethoven ist eine der erhabendsten Orgelpunktsbildungen:

k3 k3 ü4: c es ges

op. 18, 1. I.

206.

op. 13, I.

Enh. s. c g fis dis 93.

k3 k3 k2 v4 v4 ü3: c es gis h (c a gis eis), etwa c gis es h in
c a es c, schwerer gis h c es in gis h h d, welches letztere man
etwa als Wechseldominante, Tonica d, vorstellen könnte. — Enh.
s. c g e dis 56.

207.

k3 k3 ü4: c es ges (c a fis), der **verminderte Dreiklang.** — 1) Die
erste Umkehrung desselben bildet die einzige harmonische Disso-
nanz des strengen Satzes, d. i. die einzige, die sich als (Leit-)
Accord in einen anderen Accord auflöst. In diesem Sinn daselbst
sehr häufig, z. B. in den Cadenzen d f h in c e oder g c, d f f h
in c g e c, aber auch im Verlauf:

208.

Palestrina.

Li - be - ra nos sem - per

2) Die Gesammttonart gestattet verm. Drklänge auf ♯I, II, ♯II,
III, ♯IV, V, ♯V, VI, ♯VI, VII, in C, z. B. cis e g, d f as, dis
fis a, e g b, fis a c, g b des, gis h d, a c es, ais cis e, h d f.

208. Diatonische: VII als diss. Hauptaccord in Dur und Moll, II als Nebenaccord Moll oder Molldur herrschen natürlich vor, und sind in den Analysen zuerst zu berücksichtigen.

Bach, Motette.

3) ♯I ergiebt sich leicht aus dem aufsteigenden chromatischen Durchgang, z. B. von *e g c* über *e g cis* nach *f a d*, wo letzteres nicht Dmoll, sondern Nebendreiklang II, Cdur, ist. — 4) ♯II leicht im dreistimmigen Satz durchgehend, z. B. von *e g g* über *dis fis a* nach *e g g* zurück, wobei *c* als Tonica angenommen ist. — 5) III wird wieder durch unmittelbare Nähe der Unterdominanttonart zweifelhaft, d. h. kann ebenso nächstliegende Modulation, wie tonal chromatisch sein. Als Merkmal für das letztere könnte die Möglichkeit, die chromatische Stufe durch die diatonische zu ersetzen, angesehen werden. Z. B. von *e g c* über *e g b* nach *f g a*, worauf dann etwa *d f h*, *e g c* folgt. Hier könnte man *b* durch *h* ersetzen, und in dieser Möglichkeit einen Grund für die Annahme tonaler Chromatik sehen. — 6) ♯IV findet sich genial im „Freischütz, Wolfsschlucht, Wilde Jagd" an Stelle von IV, wo die Erhöhung der Unterdominante eine halt- und zügellose, gleichsam diabolische Tonart herstellt (vgl. Str. S. S. 75). Auch als Wechseldominante naheliegend. — 7) V (in C: *g b des*) noch zweifelhafter als III. — 8) ♯V (in C: *gis h d*) ergiebt sich im Durchgang sehr leicht, z. B. von *c g e* oder *h gis d* nach *a a c*. — 9) VI *(a c es)* als complicirterer Durchgang, etwa: *c c es*, *b c es*, *a c es*, *as c d*, *g h d*. Auch als Wechseldominante mit zwischen ♯II und VI schwankender Schreibart. Sehr naheliegend mit Durchgangsbedeutung in melodisch Moll aufwärts, z. B. in von Dominante zu Tonica aufsteigenden Sextaccorden und vielen anderen Fällen. — 10) ♯VI *(ais cis e)* etwa vor VII *(h d f)* über ♯VI *(ais cis e)* nach VII *(h d f)*

zurück. — 11) Ausser Zusammenhang ist der verm. Dreiklang **208.**
genetisch nicht leicht zu bestimmen. Fasst man den Grundton als
Quintton auf (*h* in *h d f*), so erscheint die **v5** als Vorhalt zur
r5 und müsste in unserem Beispiel *eis* geschrieben werden; gilt
die Terz *(d)* als Quintton, so hat man den Nebendreiklang II
(A moll: *d f h*), dessen Annahme ausser Zusammenhang dadurch
am meisten für sich hat, dass man *d*, von zwei Terzen umgeben,
als Grundton auffasst, der sich durch *f a* zum Dreiklang ergänzen
würde, durch *h* aber sich zur Unterdominante der Tonica *a* be-
stimmt. Betrachtet man *f* und *d* als Quinttöne, so hat man den
eigentlichen verm. Drkl., d. i. den dissonirenden Hauptaccord
auf der VII. Stufe, dem Leitton. Von der Wechseldominante
abgeleitet, hat der Accord zwei Terztöne *(h d)* und seine
Quinte ist Tonica (*h d f* in Fdur oder -moll); von den beiden
Terztönen des letzten Falles ist demnach der eine *(h)* tonal
chromatisch: ♯IV. — 12) Der verm. Dreiklang VII steht
auf dem Leitton, welcher Terz der Oberdominante ist, hat
also in dieser seinen eigentlichen Grundton. Der verm. Drkl.
II hat seinen eigentlichen Grundton in seiner Terz, der Unter-
dominante, aus der er durch diatonische Aufwärtsfortschreitung
von I zu II entsteht: aus dem Unterdominantaccord *f as c*, IV
♭VI I in Cmoll, entsteht auf diese Weise *f as d*, womit schon die
Vorherrschaft der ersten Umkehrung gegeben ist. Vergl. hier 11).
— Enharmonisch leicht in unvollständige verm. Sptaccorde
zu verwechseln. — Enh. s. *c a dis* 239, *c fis dis* 239 B, *c fis gisis*
299 B, *c dis gisis* 299, *c dis eisis* 303.

k3 k3 ü4 ü4 ü2 v2: *c es ges fis (c a fis his)*. Das ohne Zweifel **209.**
genialste, weil am festesten begründete Beispiel dieser enharmo-
nischen Combination ist das bereits in „Pst. Modulation" besprochene
aus Weber's „Freischütz":

Hier ergiebt sich der seltene Zusammenklang aus streng diatonischer
Stimmführung. Gluck, Orpheus: *ges fis c es*, das berühmte viel-

besprochene „Nein!" der Furien. Gesammttonart II, III, VI, in C: *d f as gis, e g b ais, a c es dis;* jeder in 3 Tonarten, z. B. *c es ges fis* in B, As, Es. — Enh. s. *c a fis* 208.

210. **k3 k3 ü4 v4 ü3 dü1: A)** *c es ges gis (c a fis cisis),* häufigste Anwendung der **dü1**, aber zuweilen ungenau als Dmsptacc. (*c es ges as*) geschrieben. — Enh. s. *c g e ais* 58.

Mozart, Cdursymph.

Beethoven. Quartett. Amoll. Finale.

B) *c es ges ceses = cis e g ces (c gis eis cisis),* Raff, Weltende, Tod und Hölle: *ges gis h d* in *ges a c es,* dreifacher Vorh. zum vrm. Sptacc.; naheliegend als vierfacher Vorh. zum Dmsptacc. *cis e g ces* in *d f as b, e g ces cis* in *f as b d, g ces cis e* in *as b d f, ces cis e g* in *b d f as.* Findet sich ohne Zweifel, wenn auch dem Verf. nicht zur Hand. — Enh. s. *c g a dis* 86.

211. **k3 k3 ü4 v3 ü1 dv5: A)** *c es ges cis (c a fis fisis).* enh. s. *c g a fis* 82. — **B)** *c es ges geses = cis e g ges (c cis ais fisis).* — Enh. s. *c g cis ais* 94 B. Etwa *c es ges cis* auf *h d f d, cis e g ges* auf *d f as f* zu beziehen.

212. **k3 k3 ü4 v3 dv5 dü2: A)** *c es ges ais (c a fis disis),* enh. s. *c g a dis* 86. Etwa *c es ges ais* auf *h d f h, cis e g bb* auf *d f as* zu beziehen. — **B)** *c es ges bbb = cis e g bb (c ais fisis disis).* *ais*

cis e ges, ges ais cis e bei Raff ungenaue Schreibart. — Enh. s.
c g e ais 58.

k3 k3 v4 ü3 ü3 dü1: *c es eis gis* (*c a eis cisis*), etwa: *es c eis* 213.
gis in *d c fis a*, oder: *c es eis gis* in *c es fis a*, oder: *c eis es gis*
in *h fis d a*. — Enh. s. *c g a e* 19.

k3 k3 ü1 v3 v3 dv5: *c es ais cis* (*c a ais fisis*), etwa *c es cis ais* 214.
in *h d d h*, Tonica *g*. — Enh. s. *c g a ais* 89.

k3 k3 v3 dv5 dv5 dü2: *c es fisis ais* = *ges bb cis e* (*c a fisis disis*), 215.
das erste vielleicht auf den verm. Drkl. *h d gis*, das zweite auf
f as d f zu beziehen. — Enh. s. *c g a e* 19.

k3 g2 g2 k2 k2 ü1: *c es d des* (*c d h cis*) als *es des d c* nahe- 216.
liegend, aber wegen Tonartnuth vermieden: *es des es c* in *d* (als
Durchgang) *des es c* in *es des es c* in *es des es b*, einen schlecht
unvollst. Dmspt.: *es des es* (*g*) *b* mit unvortheilhaftem Vorhalt der
tonischen Terz *c*. Vgl. Nr. 152 B. — Enh. *c d cis dis* 253, *c h
cis ais* 219 B, *c h cis cisis* 259, *c cis dis cisis* 259 B.

k3 g2 k2: A) *c es d* (*c a h*) — 1) gewöhnliche Vorhaltscombination 217.
(vgl. Nr. 165, *c e d*). Gluck, Armide: *g g b a* in *g g b g*; auch
in Secundennähe *c d es* nicht selten, — 2) schlechter Doppel-
vorhalt der Septime und Terzdecime, *es d c* in *es es b*, — 3) *d
c es*, *d es c* als Doppelvorhalt zu *d b d*, *d d b*, auch als sehr
unvollst. kleiner Nonenaccord, *d c es* in *g b d*; Beethoven, Sonate,
op. 7, erster Satz: *b ces as* in *b as f* in *b f d*. — 4) In der
Gesammttonart möglich auf I, ♯I?, II, III, IV, ♯IV?, V, ♯V?,
VI, VII, in C: *c es d*, *cis e d*, *d f e*, *e g fis*, *f as g*, *fis a gis*,
g b a, *gis h ais*, *a c h*, *h d cis*; demnach jede solche Combination
in 10 Tonarten, z. B. *cis e dis* in Cis, C, H, A, Gis, G, Fis, F,
E, D. — Enh. s. *c d dis* 277. — B) *c es des* (*c d h*). — 5) Vor-
halt *c es des* in *c es c*. — 6) *es des c* (vgl. Nr. 165, 3 und
Nr. 138) in *es des b*, wo *es des* gleichsam unvollst. Dmsptacc.,
kommt im dreistimmigen Satz vor. — 7) Gewöhnlicher Doppel-
Vorhalt von VII und IX zu I (VIII) und III. Mozart, Sonate, F dur,
¾ C ⁋: *c h d* (über *g h d*) in *c c e*; Haydn, Sonate: *as g b* in *as
as c*. — 8) Zufälliger Zusammenklang von Terz, Quarte und
Quinte des Durdreiklanges; Beethoven, Eroica, wo zu dem vom
Dmsptacc. übrig gebliebenen *as b* der Geigen das Horn mit dem
Hauptmotiv: *es g es b* auftritt, und mit *g* die Dissonanz *g as b*

217. bewirkt, worauf dann der vollst. Dmsptacc. des Orchesters folgt. Begründen lässt sich diese Stelle nur ästhetisch. Die Spannung, die hier in dem bereits 16 Takte dauernden dissonirenden Leitaccord herrscht, darf nicht eher gehoben werden, bis mit dem Beginn der Reprise das ganze Tongemälde der Durchführung seinen Abschluss findet; Esdur, zwei Takte vorher, würde abschwächend wirken, wenn ihm nicht ein Hinderniss, wie hier in der Dissonanz *as* bereitet wäre. Eine Transposition der Hornstimme nach B würde aber unbedeutend, nichtssagend, daher überflüssig erscheinen. — 9) In der Gesammttonart auf I, ♯I, II, ♯II, III, ♯IV, V, ♯V, VI, ♯VI, VII, in C: *c des es, cis d e, d es f, dis e fis, e f g, fis g a, g as b, gis a h, a b c, ais h cis, h c d*. Demnach letzteres z. B. in H, B, A, As, G, F, E, Es, D, Des, C. — Enh. *c a ais* 248, *c h cisis* 292, *c cis dis* 277 B, *c ais gisis* 294 B, *c cisis aisis*.

218. **k3 g2 k2 k2 v4 v3**: A) *c es d fes* (*c h gis ais*), enh. s. *c d e dis* 166 B. — B) *c es des h* (*c d h ais*). — Enh. s. *c d e cis* 152. Beide angeführte Fälle lassen sich auf Asdur beziehen, werden aber durch die beiden **k2** leicht missklingend.

219. **k3 g2 k2 k2 ü1 v3**: A) *c es d cis* (*c h a ais*), z. B. *cis d c es* durch *cis* als als unteren Hülfston nach und vor *d d c es*, welches dann nach *d d b d*. Vgl. Nr. 152 A. — Enh. s. *c d h cis* 216. — B) *c es des eses = cis e d es* (*c h cis ais*). — Enh. s. *c d h cis* 216.

220. **k3 g2 k2 ü4 ü2 ü3**: A) *c es d bb* (*c fis dis eis*). — Enh. s. *c g cis ais* 94 B. — B) *c es des fis* (*c d h eis*), enh. s. *c g a fis* 82, lassen sich beide auf Asdur beziehen, z. B. *es c des fis* in *es b des g*.

221. **k3 g2 k2 ü4 v4 ü3**: A) *c es d gis* (*c a h eis*), etwa *d c es gis* in *fis c d a*. — Enh. s. *c g e fis* 51. — B) *c es des ases* (*c fis gis eis*) = *cis e d as* etwa in *d f h g*. — Enh. s. *c g cis dis* 98 B.

222. **k3 g2 k2 v4 v3 ü1**: A) *c es h cis* (*c a gis ais*), enh. s. *c d e cis* 152. — B) *c es fes eses = cis e f es* (*c d cis ais*), enh. s. *c d e dis* 166 B.

223. **k3 g2 k2 v4 v3 dv5**: A) *c es d ais* (*c a h fisis*), etwa *d c es ais* in *g h d h*. — Enh. s. *c g a h* 50 B. — B) *c es des geses = cis e d ges* (*c gis ais fisis*) etwa: *d e cis ges* in *d f d f*, Tonica *b*. — Enh. s. *c g gis ais* 100 B.

k3 g2 k2 v4 ü3 dv5: **A)** *c es d ases* (*c gis eis fisis*), enh. s. *c g d dis* 29. — **B)** *c es des gis* (*c d h fisis*), enh. s. *c g d h* 22. **224.**

k3 g2 k2 ü3 dv5 dü2: **A)** *c es des bbb = cis e d bb* (*c eis fisis disis*), enh. s. *c g d h* 22. — **B)** *c es d fisis* (*c a h disis*), enh. s. *c g d dis* 29. **225.**

k3 g2 ü4 ü2 v4 ü3: **A)** *c es fis gis* (*c a dis eis*), — 1) vermind. Sptacc. mit Vorhalt. Oft. Mozart, Gdurquartett I, *cis b g dis* in *cis b g e*, hier Wechseldominante. *as ces d e:* **226.**

Mozart. Esdurquartett II.

(*f as h cis* über Orgelpunkt *g* bei Beethoven, Bdursonate, op. 22, Adagio.) Parsifal: *d ais f gis* in *d h f gis*, den vrm. Sptacc. — 2) Doppelvorh. vor Dmsptacc.: *c es fis gis* in *c d fis a*. — Enh. s. *c d a fis* 47. Dmsptacc. — **B)** *c es ases bb = cis e as b* (*c d gis eis*), — 3) ergiebt sich am leichtesten als Doppelvorhalt zum Dmsptacc. Mozart: *b cis e as* in *b d f as*, — 4) seltener als Vorhalt der v6 zum vrm. Sptacc. Wagner, Walküre: *h f f gis es* in *h f f gis d*, ebenda: nach *b a es g : h as d ges* in *h as d f*, worauf Cduraccord. Lohengrin: *his a dis g* vor *his a dis fis* als Wechseldominante in Fismoll, zweiter Akt, Schluss der ersten Scene „dass für euch das Unheil wacht". Beethoven, Bdurson., op. 22, Adagio Takt 17, *e des g ces* in *e des g b*, wo Vorh. *ces* gleich ♭II, sog. neapolitanische Sexte. — Enh. s. *c g a dis* 86.

k3 g2 v4 v3 ü3 dv5: **A)** *c es gis ais* (*c a eis fisis*), enh. s. *c g d e* 21. — **B)** *c es geses ases = cis e ges as* (*c d ais fisis*). — Enh. *c g d ais* 28 B. **227.**

k3 g2 ü3 dv5 dü1 dü2: **A)** *c es eis fisis* (*c a cisis disis*), enh. s. *c g d ais* 28 B. — **B)** *c es bbb ceses = cis e bb ces* (*c d fisis disis*), enh. s. *c g d e* 21. **228.**

k3 k2 k2 v4 v4 dv5: *c es h fes* (*c h gis fisis*), auf *c es* als III und V von As zu beziehen. — Enh. s. *c g h gis* 57 B. **229.**

230. **k3 k2 k2 v4 v3 dv5:** A) *c es h ais* (*c a gis fisis*), enh. s. *c g a gis* 85. — B) *c es fes geses* (*c h ais fisis*), letzteres etwa als *fis g cisis eis* auf *fis fis dis fis*, Tonica H, bezogen. — Enh. s. *c g h ais* 70 B.

231. **k3 k2 ü4 ü2 v4 dü1:** A) *c es h bb* (*c fis dis cisis*) etwa auf *c es c as* zu beziehen. — Enh. s. *c d fis dis* 155 B. — B) *c es fes fis* (*c h gis cisis*) etwa *c es fis fes* auf *des es g es* zu beziehen. — Enh. s. *c e fis dis* 153 B.

232. **k3 k2 ü4 ü2 ü3 dü1:** A) *c es fis eis* (*c a dis cisis*), enh. s. *c g cis ais* 94 B. — B) *c es bb ceses* (*c h eis cisis*), enh. s. *c g a fis* 82.

233. **k3 k2 ü4 v4 ü3 dü1:** A) *c es h eis* (*c a gis cisis*), enh. s. *c g fis ais* 71 B. — B) *c es fes ceses* (*c fis eis cisis*), enh. s. *c g a cis* 53.

234. **k3 k2 v4:** A) *c es h* (*c a gis*), Vorhalt nach unten oder oben, *c es h* in *c es a* oder in *c es c*. Gesammttonart: I II III IV V? VI ♭VII? VII?. — Enh. *c e cis* 162 B, *c h dis* 187, *c cis disis* 304, *c cis his disis* 192. — B) *c es fes* (*c h gis*), Dppvorh. gegen eine kleine Terz, *fes es c* in *fes fes des* oder *des fes des* = *f e cis* in *f f d* oder *d f d*; Beethoven, op. 53, Sonate, Andante: *gis c h* in *a c c*, wo letzteres III V V. Nicht selten. — Enh. s. *c a cis* 162.

235. **k3 k2 v4 v4 ü3 dü2:** A) *c es h ases* (*c gis eis disis*), enh. s. *c g h dis* 43 B. — B) *c es fes gis* (*c h gis disis*), etwa: *c es fes gis* in *c es es a!* — Enh. s. *c g e as* 40.

236. **k3 k2 v4 v3 ü1 dv4:** A) *c es h eses* (*c cis ais gisis*), enh. s. *c d h dis* 154. — B) *c es fes cis* (*c h gis gisis*). — Enh. s. *c d h dis* 154.

237. **k3 k2 v4 ü3 dv5 dü2:** A) *c es fisis gis* (*c a eis disis*), enh. s. *c g e h* 16. — B) *c es ases bbb* = *cis e as bb* (*c h fisis disis*), enh. s. *c g e h* 16.

238. **k3 ü4 ü4 ü2 ü2 dv4:** *c es fis bb* (*c fis dis gisis*). Wagner, Venusberg, nachkomponirt zum Tannhäuser: *cisis gis h f* in *cisis gis h e*, zwei Sechszehntel. Aehnlich in Parsifal: *b cis g fes*, wo *fes* flüchtiger Hülfston zwischen *es* und *es*. — Enh. s. *c a fis dis* 203.

239. **k3 ü4 ü2:** A) *c es fis* (*c a dis*), *fis c es*, — 1) gut unvollst. vrm. Sptacc. Im dreistimmigen Satz gewöhnliche Form desselben. Benedetto Marcello († 1739): *b des e* in *as c f*; Beethoven, Son. A dur op. 2, *gis d f* in *a cis e*, — 2) alltäglicher Vorhalt: *c es fis* in *c es g*, *c es fis* in *c d fis* u. dgl. — Enh. *c a fis* 208, *c fis*

dis 239 B, *c fis gisis* 299 B, *c dis gisis* 299. — Der Grundaccord **239.**
(*fis c es*) in der Gesammttonart auf ♯I, ♯II, III?, ♯IV (Wechsel‑
dominante), ♯V, ♯VI, VII, in C: *cis g b, dis a c, e b des?, fis c
es, gis d f, ais e g, h f as.* Vgl. *c a fis dis*, vrm. Sptaccord,
Nr. 203. — **B)** *c es bb* (*c fis dis*), — 3) weniger gut unvollst.
vrm. Sptacc.: Marcello: *a es fis* in *h d g*; Beethoven, Son. Cdur
op. 2: *g c e, fis c dis, a c f, g c e,* wo der vrm. Sptacc. der
Stufe ♯II tonaler Chromatik angehört. Auch vielfach als Durch‑
gangsaccord. (Gesammttonart wie A). — Enh. s. *c a dis* 239.

k3 ü4 ü2 ü2 dü3 dv4: A) *c es fis gisis* (*c a dis eisis*). Möglicher‑ **240.**
weise durch untere Hilfsnote *gisis* auf *c es fis ais*, alterirten
verm. Sptac., IV ♭VI VII ♯II, zu beziehen, der nach *h d g h*,
auch *g d g h* fortschreitet. Vgl. 156. — Enh. s. *c a fis dis* 203.
B) *c es bb ases* (*c dis gisis eisis*). Es liesse sich etwa *ces d gis
eis* auf *b d gis eis*, den übm. Sxtacc. vierter Form, beziehen, doch
ist dann wahrscheinlich *ces* enharmonisch incorrect für *h* ge‑
schrieben. — Enh. s. *c d h gis* 205 B.

k3 ü4 ü2 v4 dü1 dv3: A) *c es fis cisis* (*c a dis aisis*). enh. s. *c* **240b.**
a fis dis 203. — **B)** *c es bb eses* = *cis e b eses* (*c gis cisis aisis*).
— Enh. s. *c d h gis* 205.

k3 ü4 ü2 v3 ü1 dü2: A) *c es fis eses* (*c cis ais disis*), enh. s. *c d* **241.**
fis dis 155 B. — **B)** *c es bb cis* (*c fis dis disis*), enh. s. *c d h
gis* 205 B.

k3 ü4 ü2 ü1 dv5 dü2: A) *c es fis fisis* (*c a dis disis*), enh. s. *c g* **242.**
fis dis 93. — **B)** *c es bb bbb* = *cis e b bb* (*c cis fisis disis*), enh.
s. *c g e cis* 49.

k3 ü4 v3 ü1 dv5 dü2: A) *c es cis fisis* (*c a ais disis*), enh. s. *c g* **243.**
cis dis 98 B. — **B)** *c es eses bbb* = *cis e es bb* (*c fis fisis disis*),
enh. s. *c g e fis* 51.

k3 ü2 v2: A) *c es dis* (*c a his*) dreifacher Vorhalt zum unvollst. **244.**
vrm. Sptacc. Chopin, Etüde Gismoll: *fisis e g* zwischen *fisis d
f* und *gis d f*, im Ganzen Figuration des vrm. Septimenacc. *gis h
d f*. — Enh. s. *c a* 201. — **B)** *c es deses* = *cis e des* (*c dis his*).
— Enh. s. *c a* 201.

k3 v4 v4 ü3 ü3 dü7: *c es ases gis* (*c gis eis hisis*). bei Raff in **245.**
flüchtiger Hülfsnote durch enh. Vwchslg.: *ges fisis h d*. — Enh. s.
c g e h 16.

246. **k3 v4 v3 ü3 dv5 drfü1: A)** *c es gis geses* (*c ais fisis cisisis*), enh. s. *c g a e* 19. — **B)** *c es ases ais* (*c gis eis cisisis*), enh. s. *c g a e* 19.

247. **k3 v4 ü3: A)** *c es gis* (*c a eis*) Vorh. zum vrm. Drkl. Bach, Crucifixus: *d f ais* in *d f h*; Mozart, B dursonate, Andante: *b des fis* in *b des g*; Beethoven, Eroica, erster Satz: *f as cis* vor *f as d*; mit Accordwechsel: Bach, Magnificat, Nr. 6: *g b dis* in *c a dis* in *c a e*. — Enh. s. *c g e* 44. — **B)** *c es ases* (*c eis gis*) Mozart, Cdursymph. Finale, kurz vor Reprise: *b dis fis*; Beeth.: Fdurquartett, op. 59: *ges es h* in *ges es c*; Cdurquintett, op. 29: *des a fis* in *cis b e g*; Eroica, Scherzo: *cis as e* in *d as f*; Wagner, Walküre: *d f bb* in *d f as* „als mir göttlicher Noth nagende Galle gemischt". — Enh. s. *c a e* 44 B.

248. **k3 v3 ü1: A)** *c es cis* (*c a ais*), Vorh. zum unvollst. übm. Sextaccord dritter Form, etwa: *es cis c* in *es cis b*. — Enh. s. *c d h* 217 B. — **B)** *c es eses = cis e es* (*c cis ais*). Mozart, Cosi fan tutte: *b gis h* in *b a c*. — Enh. s. *c d dis* 277.

249. **k3 v3 dv5: A)** *c es ais* (*c a fisis*) naheliegend in *g d h*. — Enh. s. *c g a* 83. — **B)** *c es geses = cis e ges* (*c ais fisis*) naheliegend als unvollst. übm. Sextacc. vierter Form: *ges cis e* in *f d f*, Tonica *b*. — Enh. s. *c g ais* 125 B.

250. **k3 ü3 dü1: A)** *c es eis* (*c a cisis*) Dpplvorh. zum unvollst. verm. Sptacc.: *eis c es* in *eis h d*; Chopin, Gismolletüde im flüchtigen Durchgang: *fisis d f* in *fisis e g* (vgl. Nr. 244), welches drei Vorhalte zu *gis d f* darstellt. — Enh. s. *c g ais* 125 B. — **B)** *c es ceses = cis e ces* (*c eis cisis*) naheliegender und vermuthlich in der modernen Musik nicht seltener dreifacher Vorhalt zum Sextacc.: *cis e ces* in *d f b*; auch Doppelvorhalt zum vrm. Sptacc. *cis e ces* in *d f ces*. — Enh. s. *c g a* 83.

251. **k3 dv5 dü2: A)** *c es fisis* (*c a disis*), enh. s. *c a e* 44 B. — **B)** *c es bbb = cis e bb* (*c fisis disis*). Ersterer Fall findet sich in Beethovens's Es durquartett, op. 127: *as ces dis*, doch steht hier offenbar *dis* für *es* im gewöhnlichen As molldreiklang, weil Beethoven die Kreuztöne statt der Betöne einführen wollte, um nicht nach Desmoll zu gelangen. Vgl. Nr. 300, Mozart. — Enh. s. *c g e* 44.

252. **g2. grosse Secunde**, *c d*, — 1) absolute Dissonanz von mittlerer Schärfe, — 2) bezieht sich zunächst als harmonische Verbindung

des ersten und dritten Quinttones (Tones des Quintenzirkels) auf **252.**
den übersprungenen zweiten, dessen Oberquinte bleibt, während
die Unterquinte (Oberquarte) sich stufenweise in die Terz auflöst,
z. B. *a h* bezieht sich auf *e*, *h* bleibt bei der strengsten Auflösung
liegen, *a* löst sich nach *gis* oder *g* auf. Daher sagt man, die
Secunde ist „unten gebunden". — 3) Im Zusammenhang nimmt aber
die **g2** mannigfaltige andere Bedeutungen an, indem einer von
beiden Tönen als Durchgang, Anticipation, Wechselnote erscheint,
und findet dann eine andere Behandlung. — 4) In der Gesammt-
tonart ist die **g2** möglich auf I, ♭♯I, II, ♭II, III, ♭III, IV, ♯IV,
V, ♯V?, VI, ♭VI, VII, ♭VII, in C: *c d, cis dis, d e, des es, e fis,
es f, f g, fis gis, g a, gis ais?, a h, as b, h cis, b c.* Jede **g2**
kann demnach in 14 Tonarten vorkommen, z. B. *a h* in A, As,
G, Gis, F, Fis, E, Es, D, Des, C, Cis, H, B. — 5) Zu Anfang
eines einstimmigen Gesanges ist **g2** aufw. aufzufasser. als I II
(„Christe du Lamm Gottes") oder V VI („Komm, heiliger Geist,
Herre Gott", „Von Gott will ich nicht lassen"), abwärts als V
IV („Es ist bestimmt in Gottes Rath").

k7, das Umkehrungsintervall der **g2**, hat dieselbe harmonische
Bedeutung, ist daher „oben gebunden", und findet sich in der
Gesammttonart — 6) auf den Stufen I, ♯I, II, ♯II, III, ♭III, IV,
♯IV, V, ♯V, VI, ♯VI?, VII, ♭VII, in C: *c b, cis h, b as, h a,
a g, ais gis, g f, gis fis, f es, fis e, es des, e d, dis cis, d c,* die
Umkehrung der obigen Reihe; jede **k7** kommt in 14 Tonarten vor,
h a z. B. in denselben wie die **k2** *a h*. — 7) Als einstimmiger
Anfang ist **k7** aufw. V und IV, abw. I und II. Da Beispiele von
einstimmigen Melodieen und absoluten Anfängen fehlen, seien hier
wenigstens als prägnante Merkbeispiele angezogen für aufwärts:
Mozart, Così fan tutte: „io sento che ancora"; für abwärts: Don
Juan, Nr. 2: „hai sposo e padre". — Enh. *c ais* 309, *c cisis* 314,
c his cisis 283 B, *c ais his* 280. Das Intervall der **g2** findet sich
im vorliegenden Lexicon Nr. 4—12, 15, 17—23, 25—31, 37b, 39,
45—47, 50—54, 67, 80b—91, 97—100, 134, 137—140, 152—155,
165—181, 202, 204, 205, 216—228, 252—284.

g2 g2 k2 ü2 ü1 ü1: *c d ces des* = *c d cis dis*, etwa *d cis c dis* **253.**
vor *d c c e*. — Enh. s. *c d h cis* 216.

g2 g2 ü4 v4 v4 v3: *c d fes ges* = *c d gis ais*, etwa *d gis c ais* **254.**
vor *d gis h h*. — Enh. s. *c d e fis* 137.

255. **g2 g2 ü2 ü2 ü1 ü3:** *c d bb ces* = *c d dis eis*. — Enh. s. *c g a ais* 89.
256. **g2 g2 ü2 ü3 ü3 dv5:** *c d ases bb* = *c d eis fisis*, enh. s. *c g d a* 12.
257. **g2 k2 ü4 v4 ü1 dv5: A)** *c d des gis* (*c h cis fisis*), enh. s. *c g h cis* 67 B. — **B)** *c d cis ges* (*c fis gis fisis*), enh. s. *c g fis gis* 97 B.
258. **g2 k2 ü4 v4 ü3 dv5: A)** *c d ges ases* (*c h eis fisis*), enh. s. *c g d fis* 23 B. — **B)** *c d gis fisis*, enh. *c g d gis* 27 B.
259. **g2 k2 ü2 ü1 ü1 dü1: A)** *c d des dis* (*c h cis cisis*), enh. s. *c d h cis* 216. — **B)** *c d cis ces* (*c cis dis cisis*), enh. s. *c d h cis* 216.
260. **g2 k2 ü2 ü1 ü3 dü2: A)** *c d des eis* (*c h cis disis*), enh. s. *c g gis gisis* 128 B. — **B)** *c d cis bb* (*c dis eis disis*), enh. s. *c g h ais* 70 B.
261. **g2 k2 ü2 ü1 dü1 dü2: A)** *c d des ceses* (*c dis cisis disis*), enh. s. *c d e dis* 166 B. — **B)** *c d cis disis*, enh. *c d e cis* 152.
262. **g2 k2 ü2 ü3 dü1 dü2: A)** *c d bb ceses* (*c h cisis disis*), enh. s. *c g gis ais* 100 B. — **B)** *c d eis disis*, enh. s. *c g a h* 50 B.
263. **g2 k2 v4 v3 dv5 dv4: A)** *c d fes geses* (*c h fisis gisis*), enh. s. *c g a h* 50 B. — **B)** *c d ais gisis*. — Enh. s. *c g gis ais* 100 B.
264. **g2 k2 v4 ü1 v3 dv4: A)** *c d des ais* (*c h cis gisis*), enh. s. *c d e dis* 166 B. — **B)** *c d cis fes* (*c gis ais gisis*), enh. s. *c d e cis* 152.
265. **g2 k2 v4 ü1 dv5 dv4: A)** *c d des geses* (*c gis fisis gisis*). — **B)** *c d cis gisis*, enh. *c d a cis* 52 B.
266. **g2 k2 ü1: A)** *c d des* (*c h cis*)

Enh. *c d cis* 266 B. — **B)** *c d cis*. Mozart, Cmollfuge für Streichquartett: *f fis g* in *e g g*. — Enh. *c h cis* 266, *c h ais* 289, *c cis cisis* 311.
267. **g2 ü4 ü4 v4 v4 dü1:** *c d ges gis* (*c fis gis cisis*) etwa auf die Terz von *b* zu beziehen. — Enh. s. *c d fis gis* 167.
268. **g2 ü4 ü4 v4 dü1 v2: A)** *c d ges deses* (*c fis his cisis*), enh. s. *c d fis* 174. — **B)** *c d gis cisis*, enh. s. *c d gis* 271 B.
269. **g2 ü4 ü2 v4 ü1 dv4: A)** *c d ges dis* (*c fis gis gisis*), enh. s. *c d fis dis* 155 B. — **B)** *c d gis ces* (*c cis dis gisis*), enh. s. *c d h gis* 205 B.

g2 ü4 ü2 ü1 dv5 dv4: A) *c d ces geses* (*c fis fisis gisis*), enh. s. 270. *c g a fis* 82. — **B)** *c d dis gisis*. — Enh. *c g cis ais* 94 B.

g2 ü4 v4: A) *c d ges* (*c fis gis*) — **1)** kann sich als Einführung des 271. überm. Sextaccordes ergeben: *ges d c* in *ges es c* in *ges e b*, wo es zunächst vor dem Quart-Sextaccord des vrm. Dreiklanges steht, der seinerseits dem übm. Sextaccord vorangeht. — **2)** Auch sonst in freieren Vorhaltsfortschreitungen: *c d ges* in *ces es ges* u. dgl. — Enh. s. *c d fis* 174. — **B)** *c d gis* — **3)** naheliegende Vorhaltsbildung zum verminderten Dreiklang *gis d c* in *gis d h*, — **4)** als Doppelvorhalt zur Terz in Moll, Bach, A mollfuge für Klavier: *as e b* in *as f as, f cis g* in *f d f*. — Enh. *c e fis* 174 B, *c gis cisis* 300. *c fis ais* 194. *c fis disis* 300 B, *c ais eisis* 307 B.

g2 ü4 v4 v4 v3 dü2: A) *c d ges ais* (*c fis gis disis*), enh. s. *c d* 272. *e gis* 138. — **B)** *c d gis fes* (*c gis ais disis*), enh. s. *c d e gis* 138.

g2 ü4 v4 v4 dü1 dü2: A) *c d ges ceses* (*c gis cisis disis*), enh. s. 273. *c d e gis* 138. — **B)** *c d gis disis*, enh. s. *c d e gis* 138.

g2 ü4 v4 v3 dü1 dü2: A) *c d ceses fes, c fis cisis disis*, enh. s. 274. *c d e fis* 137. — **B)** *c d ais disis*. — Enh. s. *c d e fis* 137.

g2 ü4 v4 ü1 dv5 dv4: A) *c d ges geses* (*c cis fisis gisis*), enh. s. 275. *c g a cis* 53. — **B)** *c d gis gisis*, enh. s. *c g fis ais* 71 B.

g2 ü2 ü2 ü1 ü1 dü2: *c d ces dis* (*c cis dis disis*), enh. s. *c d h* 276. *dis* 154.

g2 ü2 ü1: A) *c d dis*, naheliegend in: 277.

Mozart, Cmollfuge: *es f fis* in *c es g*. — Enh. *c a h* 217, *c dis cisis* 292 B, *c h gisis* 294, *c cis ais* 248 B. — **B)** *c d ces* (*c cis dis*) etwa *c es c* in *c d ces* in *des des b* in *d c as* in *es b g*. — — Enh. s. *c d h* 217 B.

g2 ü2 ü1 ü1 dü1 dü2: A) *c d ces ceses* (*c cis cisis disis*), enh. s. 278. *c d e cis* 152. — **B)** *c d dis disis*, enh. *c d e dis* 166 B.

g2 ü2 ü3: A) *c d bb* = *cis dis b* (*c dis eis*) z. B. *cis b dis* in *cis* 278b. *b e*. — Enh. s. *c g ais* 125 B. — **B)** *c d eis* z. B. *eis d c* in *eis d h*. — Enh. s. *c g a* 83.

279. **g2 v4 v3:** A) *c d fes* (*c gis ais*), etwa *c fes d* Dppvorh. zur Asdurterz *c es*. — Enh. s. *c d e* 165. — B) *c d ais* Dppvorh. zur Gdurterz *h d h*, auch *d c ais* vor *g h* (oder *d*) *h*. — Enh. s. *c d e* 165.

280. **g2 v3 v2:** A) *c d eses* (*c ais his*), enh. s. *c d* 252. — B) *c d his*. — Enh. s. *c d* 252.

281. **g2 ü3 dv5:** A) *c d ases* (*c eis fisis*), enh. s. *c g d* 25. — B) *c d fisis*, enh. s. *c g d* 25.

282. **g2 dv5 dv4:** A) *c d geses* (*c fisis gisis*), enh. s. *c g a* 83. — B) *c d gisis* auf alterirte Accorde zu beziehen. — Enh. s. *c d a* 83 B.

283. **g2 dü1 v2:** A) *c d cisis*. — B) *c d deses* (*c his cisis*), enh. beide *c d* 252.

284. **g2 dü1 dü2:** A) *c d ceses* (*c cisis disis*), enh. s. *c d e* 165. — B) *c d disis*, etwa in *h cis eis*. — Enh. s. *c d e* 165.

285. **k2, kleine Secunde,** *c des* (*c h*) — 1) absolute Dissonanz von grösster Schärfe, — 2) bezieht sich als harmonische Verbindung von Quint- und zweitem Terzton der Unterdominantseite auf die kleine Terz des Mollaccordes, selten und nur im Zusammenhang auf die kleine (obere) Terz des Duraccordes. *e f* z. B. bezieht sich auf *d f*, als Quint- und Terzton (d. i. Grundton und Terz des Mollaccordes *d f a*, der aber nicht nothwendig tonischer zu sein braucht), selten auf *d f* als Terz und Quinte von *b*. Man sagt deshalb, die **k2** sei „unten gebunden". — 3) Im Zusammenhang nimmt die **k2** mannigfaltige andere Bedeutung und entsprechende Behandlung an. — 4) In der Gesammttonart ist die **k2** möglich auf I, ♯I, II, ♯II, III, ♯IV, V, ♯V, VI, ♯VI (?), VII, in C: *des, cis d, d es, dis e, e f, fis g, g as, gis a, a b, ais h, h c*, jede also in 11 Tonarten, z. B. *e f* in E, Es, D, Des, C, B, A, As, G, Ges, F. — 5) Als Anfang eines einstimmigen Satzes ist **k2** aufw. V ♭VI Moll, abw. 1 (VIII) VII Dur oder Moll, ohne nachträgliche Andersbelehrung auszuschliessen.

g7, die Umkehrung von **k2**, hat dieselbe harmonische Bedeutung, ist daher „oben gebunden", und findet sich in der Gesammttonart — 6) auf 1, II, ♭II, III, ♭III, IV, V, VI, ♭VI, VII (?), ♭VII, in C: *c h, d cis, des c, e dis, es d, f e, g fis, a gis, as g, h ais* (?), *b a*, die Umkehrung der obigen Reihe, der entsprechend auch jede **g7** in 11 Tonarten vorkommen kann, *c h* z. B. in C,

H, B, A, As, G, F, E, Es, D, Des. — 7) Als einstimmiger 285.
Anfang ist **g7**, wenn überhaupt vorkommend, aufw. 1 VII, abwärts V ? VI. — Enh. *c cis* 310, *c aisis* 319, *c hisis* 320. — Das Intervall **k2** findet sich in vorliegendem Lexicon Nr. 4—11, 13, 15—18, 20, 22—24, 26, 32, 37b, 39, 40, 42, 43, 45, 50—52, 55 bis 57, 67—77, 80b—82, 84, 85, 93, 97, 101—112, 134, 141, 142, 152—154, 166, 171—173, 182—192, 202, 204—207, 216 bis 225, 229—237, 253—266, 285—296.

k2 k2 k2 v3 v3 dv4: *c des h ais (c h ais gisis).* — Enh. s. *c d* 286.
h cis 216.

k2 k2 ü4 v3 ü3 dü2: A) *c des h ases (c fis eis disis),* enh. s. *c g* 287.
h cis 67 B. — **B)** *c des eses fis (c h ais disis),* enh. s. *c g fis gis* 97 B.

k2 k2 ü4 ü3 ü3 dü2: *c des fis eis (c h eis disis),* enh. s. *c g h fis* 24. 288.

k2 k2 v3: *c des h (c h ais)* 289.

Gesammttonart I, II, III, V, VI, VII, in C: *c des h, d es cis, e f dis, g as fis, a b gis, h c ais*; jeder in 6 Tonarten, z. B. *e f dis* in E, D, C, A, G, F. — Enh. s. *c d cis* 266 B.

k2 ü4 ü4 ü3 ü3 dv3: *c des fis ases (c fis eis aisis),* enh. s. *c g* 290.
fis cis 32.

k2 ü4 ü3: A) *c des fis (c h eis),* enh. s. *c g fis* 103 B, etwa: *des* 291.
des f in *des c fis*, vielleicht über *des h g*, *des h f* in *c c e.* — **B)** *c des ases (c fis eis),* enh. s. *c g cis* 121 B.

k2 ü2 dü1: A) *c des dis (c h cisis),* etwa *c des dis* in *b des e, c* 292.
dis des in *c e c*, *ces d cis* in *ces d d*, enh. s. *c d h* 217 B. — **B)** *c des ceses = cis d ces (c dis cisis).* — Enh. s. *c d dis* 277.

k2 v4 dv5: A) *c des gis (c h fisis),* etwa *des gis c* in *des gis h*, 293.
enh. s. *c g h* 68 B. — **B)** *c des geses (c gis fisis) = des c geses = c h fes* etwa in *c c es,* Grundton *as.* — Enh. s. *c g gis* 127 B.

k2 v3 dv4: A) *c des ais (c h gisis),* enh. s. *c d dis* 277. — **B)** *c* 294.
des feses (c ais gisis). — Enh. s. *c d h* 217 B.

295. **k2 ü1 v2:** *c des cis* (*c h his*), enh. s. *c h* 285.
296. **k2 ü3 dü2:** *c des eis* (*c h disis*), enh. s. *c g gis* 127 B.
297. **ü4, übermässige Quarte, Tritonus,** *c fis*, — 1) schwächste absolute Dissonanz, — 2) das erste Intervall, welches in der Auffassung enharmonisch verwechselt werden kann, weil es mit seiner Umkehrung, **v5**, gleiche Grösse und gleiche harmonische Beziehung, aber zu verschiedenen Grundtönen, hat. *c fis* und *c ges* bestehen aus sechs halben Tönen, *c fis* bezieht sich auf G, *c ges* auf Des als Grundton. — 3) In der historischen Entwicklung des Tonsystems ist der Tritonus das treibende Element, welches vom System der Quarte zu dem der Quinte, von da zu dem des Dreiklanges, von da zu dem der Tonart führt. — 4) Die nächstliegende Beziehung der **ü4** als harmonischen Zusammenklanges ist die als Quintton und dritter Terzton IV VII (z. B. *f h*) sich auflösend in III VIII (*e (es) c*), doch sind im Zusammenhang mannigfaltige andere möglich, da er — 5) in der Gesammttonart auf 10 Stufen, I, II, ♭II, III, ♭III, IV, V, VI, ♭VI, ♭VII vorkommen kann, in C: *c fis, d gis, des g, e ais, es a, f h, g cis, a dis, as d, b e*. Jede **ü4** kommt demnach in 10 Tonarten vor, z. B. *c fis* in C (Wechseldominante) H, B, A, As, G, F, Es, E, D. — 6) Als rein melodischer Anfang gilt die **ü4** aufw. (*c fis*) als I ♯IV, wo letzteres harmoniefreier Vorton zu V (*g*), abw. *fis c* würde vermuthlich mit *ges c (fis his)* verwechselt werden, und gleiche Bedeutung I ♯IV haben.

v5 als Umkehrung von **ü4** hat dieselbe harmonische Bedeutung und findet sich — 7) in der Gesammttonart auf ♯I, II, ♯II, III, ♯IV, V, ♯V, VI, ♯VI, VII, in C: *cis g, d as, dis a, e b, fis c, g des, gis d, a es, ais e, h f*. Jede **v5** in 10 Tonarten, z. B. *h f* in B, A, As, G, F, E, Es, D, Des, C. — 8) Als melodischer Anfang aufw. (*c ges*) vermuthlich VII IV, abw. (*ges c*) I ♯IV. Mozart, Esdurquartett Anfang, unisono: *es es a b*. — 9) Als verstimmte reine Quinte, nach Weber's Vorgang [siehe Nr. 208, 6)], Saint-Saëns „Todtentanz"; zum Ausdruck des Schauerlichen: Mendelssohn, Elias, in dem ersten, Hungersnoth verkündenden Recitativ. — Enh. *c eisis* 317, *c disisisis* 321, *c fis his* 298. Andere enh. Vw. geben dasselbe Intervall in anderer Tonart. Das Intervall der **ü4** findet sich in vorliegendem Lexicon Nr. 4—9, 11, 14,

15, 17, 18, 20, 23, 24, 26, 27, 32, 33, 37b, 39, 45—49, 51, 53 **297.**
bis 55, 58, 59, 67, 69, 71—73, 78, 80b, 82, 84, 86, 87, 93, 94,
97, 98, 103—110, 113—122, 134, 137—141, 143, 144, 153, 155
bis 158, 167, 168, 171, 172, 174—179, 184, 185, 186, 193, 194,
202, 203, 205, 206, 208—212, 220, 221, 226, 231, 232, 233, 238
bis 243, 254, 257, 258, 272—275, 287—291, 297—301.

ü4 ü4 v2: *c fis ges* (= *c fis his*) ergiebt sich zuweilen aus der **298.**
Stimmführung. Herold, Zampa: *as d gis* in *as d a*. — Enh. s.
c fis 297.

ü4 ü2 dv4: A) *c fis bb* (*c dis gisis*), enh. s. *c a dis* 239. — B) *c* **299.**
fis gisis, enh. s. ebenda, lassen sich in Beziehung zum doppelt-
verminderten Dreiklang (Grundaccord des übermässigen Sext-
accordes) bringen: *fis c bb* in *fis c as*, *c fis gisis* in *c e ais*.

ü4 v4 dü1: A) *c fis fes* (*c gis cisis*), — **1)** lässt sich in Beziehung **300.**
zu einem allerdings nachtheilig unvollständigen vrm. Sptacc.
bringen, etwa *his b fis* vor und nach *cis b g*. — Enh. s. *c d gis*
271 B. — B) *c fis cisis*, — **2)** Doppelvorhalt zum Durdreiklang,
z. B. *c fis cisis* vor und nach *h fis dis*, von den Componisten
lieber *c fis d* in *h fis dis* geschrieben, — **3)** auch Vorh. zum
unvollst. verm. Sptacc.: *fis c cisis* in *fis c dis*. — **4)** In folgender
Stelle von

Mozart, Gdurquartett, Finale,

findet sich diese Combination bei + und ähnliche nur scheinbar.
Mozart ist von Gdur bis Fismoll vorgeschritten und im Begriff
den Quintenzirkel bis zum Eisduraccord als V von Aismoll zu
durchlaufen. Er führt nun allmählich behufs Erleichterung des
Lesens die Betöne statt der Kreuztöne ein. Der Accord bei +
ist also ein einfacher Quartquintaccord: **r5 r5 g2**, *gis dis cis* oder
as es des. Ebenso heisst der folgende Takt *ces as ces* oder *h gis
h*, der nächste *es as b* oder *dis gis ais*, wieder $\frac{r}{4}$. Vgl. 251 B)

Beethoven. In Orchesterpartituren Aehnliches alltäglich. — Enh. s. *c d fis* 174.

300b. ü4 v3 dü2: A) *c fis eses* (*c ais disis*), enh. s. *c d fis* 174. — **B)** *c fis disis*, enh. s. *c d gis* 271 B. lassen sich auf übm. Sextaccorde beziehen.

301. ü4 ü1 dv5: A) *c fis ces* (*c cis fisis*), enh. s. *c g cis* 121 B. — **B)** *c fis fisis*. — Enh. s. *c g fis* 103 B.

302. ü2, übermässige Secunde, *c dis*, — 1) als relative Dissonanz mit k3 zu verwechseln, weil das Ohr das einfachere Intervall der k3-Consonanz, selbst wenn ein Tonhöhenunterschied vorliegt, der complicirteren ü2-Dissonanz vorzieht. Da aber diese diatonisch ist, kann die falsche Auffassung leicht verhindert werden, sogar durch die Fortschreitung, wie ja nachträgliche Andersbelehrung in allen derartigen Fällen möglich ist, z. B. wenn wir uns den Beginn eines Satzes so

denken. Als diatonische (d. h. in der diatonischen Tonart vor der tonalen Chromatik vorhandene) Dissonanz ist ü2 ♭VI VII, erster und dritter Terzton in Moll und Molldur. — 2) In der Gesammttonart auf sieben Stufen: I, ♭II, ♭III, IV, V, ♭VI, ♭VII, in C: *c dis, des e, es fis, f gis, g ais, as h, b cis*, jede ü2 in sieben Tonarten, z. B. *c dis* in C, H, A, G, F, E, D.

v7 hat als Umkehrung von ü2 dieselbe harmonische Bedeutung — 3) und ist in der Gesammttonart auf den Stufen ♯I, ♯II, III, ♯IV, ♯V, ♯VI, VII möglich, in C: *cis b, dis c, e des, fis es, gis f, ais g, h as*, jede v7 daher in sieben Tonarten, z. B. *dis c* in D, E, F, G, A, H, C. — 4) Kommt als absoluter Anfang in seiner nächstliegenden Bedeutung als VII ♭VI, z. B. *h as* in Cmoll, und als Wechseldominante, ♯IV ♭III, vor, z. B. Beethoven, Cmollsonate op. 111 Anfang: *es fis* abw. = ♭III ♯IV. Aufwärts würde Verwechselung mit der einfacheren g6 näher liegen. Das Intervall der ü2 findet sich in vorliegendem Lexicon Nr. 5, 9, 13, 15, 17, 28, 29, 30, 34, 35, 36, 39, 42, 43, 45, 46, 48, 54—56, 58, 60, 70, 71, 74, 75, 76, 79, 80b, 86—89, 93, 94, 98, 99, 100, 104,

105, 106, 111, 112, 114—117, 123, 125, 134, 142, 145, 153 bis **302.**
157, 159, 166, 169, 170, 171, 173, 176, 177, 180—185, 187—192,
195, 202, 203, 209, 220, 226, 231, 232, 238—242, 244, 253,
255, 256, 259, 260, 261, 262, 269, 270, 276—278, 292, 299,
302—304.

ü2 ü2 dü3: *c dis bb* (*c dis eisis*) allenfalls *bb c dis* in *as c e*. — **303.**
Enh. s. *c a dis* 239.

ü2 v4 dv3: *c dis fes* (*c gis aisis*), enh. s. *c a cis* 162. **303b.**

ü2 ü1 dü2: **A)** *c dis ces* (*c cis disis*) wohl nur durch ungewöhnliche, **304.**
aus enh. Verwechslung oder Nachlässigkeit hervorgehende Schreibart möglich, wie etwa in:

besser: *deses*
fes es

Enh. s. *c e cis* 162 B. — **B)** *c dis disis*, ebenso.

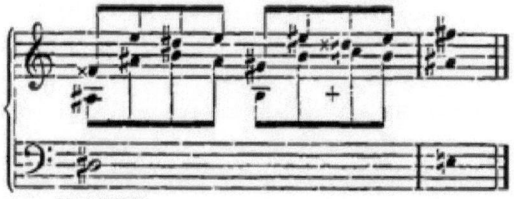

Enh. s. *c e dis* 187 B.

v4, verminderte Quarte, *c fes* (*c gis*) — **1)** als relative Dissonanz **305.**
mit **g3** zu verwechseln, weil das Ohr die erheblich einfachere
g3-Consonanz, selbst wenn ein Tonhöhenunterschied vorliegt, der
viel complicirteren **v4**-Dissonanz vorzieht. Da aber diese bereits
in der diatonischen Tonart (Moll VII ♭III, dritter und zweiter
Terzton) vorkommt, lässt sie sich vor Verwechslung bewahren,
wenn auch erheblich schwerer als **ü2**, weil die Consonanz der
g3 vollkommener als die der **k3** und die Dissonanz der **v4** complicirter als die der **ü2** ist. — **2)** Als melodisches Intervall be-

305. deutsam in Bach's Cismollfuge, Wtp. Kl., erster Theil, Nr. 4, Schubert's Doppelgänger; als rein melodischer, bekanntlich durch den sonderbaren Wunsch des Componisten, seinen Namen in Notenschrift wiederzugeben, hervorgerufener Anfang in Spohr's Cmollquartett, *es h*, wo dann das nach einer Pause eintretende *c* über die Bedeutung des Intervalles nachträglich belehrt. Hier würde das Ohr für g3 *(es ces)* entscheiden, bis es durch die Fortsetzung anders belebt wird; die ausführenden Musiker wissen aber von vornherein durch die Noten, welches Intervall gemeint sei. — 3) In der Gesammttonart möglich auf ♯I, ♭II, III, ♭IV, ♭V, VI, ♭VI, VII, in C: *cis f, dis g, e as, fis b, gis c, a des, ais d, h es*, demnach jede v4 in acht Tonarten, z. B. *cis f* in C, B, A, G, F, E, Es, D. — 4) Ueber das Vorkommen dieses und verwandter Intervalle in der Stimmführung des strengen Satzes (Palestrina) sind die Meinungen noch nicht einig, doch wird nähere Bekanntschaft mit Zarlino die Nothwendigkeit ihrer Ausschliessung mit der Zeit ergeben. Für ihr Vorkommen liesse sich die Möglichkeit ihrer Herstellung durch die zulässige und oft nötbige erhöhte Septime der dorischen und äolischen Tonart anführen.

ü5 als Umkehrung von v4 hat dieselbe harmonische Bedeutung. — 5) In der Gesammttonart möglich auf I, ♭II, II, ♭III, IV, V, ♭VI, ♭VII, in C: *c gis, des a, d ais, es h, f cis, g dis, as e, b fis*, demnach jede ü5 in acht Tonarten, z. B. *f cis* in F, E, Es, D, C, B, A, G. — 6) Als melodisches Intervall auch im Zusammenhang selten. — Enh. s. *c e* 133. Das Intervall der v4 findet sich in vorliegendem Lexikon: Nr. *5, 13,* 27, 28, 29, *33, 34,* 35, *37b,* 40, *41, 43,* 56, *61, 62,* 74, *80b, 84—86, 88,* 90, 91, *93, 95,* 97—100, 104, 107, 108, 111, 114, 115, 118—120, *123,* 124, 126, *127,* 128, *134, 135, 138, 140, 142,* 143, 145, *146,* 147, 148, 160, *167,* 168, 178, 190, *202, 204, 205, 206,* 207, *210,* 213, 218, 221—224, *226,* 227, *229, 230,* 231, 233, *234—237, 245,* 246, *247,* 254, 257, 258, 263, 264, 265, *267,* 268, 269, *271—275,* 293, 303b, *305—308,* die schräg gedruckten mit Compositionsbeispielen.

306. v4 v4 dü2: *c fes gis (c gis disis)*, etwa in *ces es a*. — Enh. s. *c e gis* 146.

ü1 : c cis

v4 v3 dü3: **A)** c fes ais (c gis eisis), enh. s. c d fis 174. — **B)** c 307. fes aseses = cis f ases (c ais eisis), enh. s. c d gis 271 B.

v4 ü1 dv4: **A)** c fes cis (c gis gisis), enh. s. c a gis 234. — **B)** c 308. fes feses (c cis gisis), enh. s. c a cis 162.

v3. verminderte Terz, c eses (c ais), — 1) absolute Dissonanz des 309. Zweihalbe-Tones, wird ausser Zusammenhang immer mit der grossen Secunde verwechselt, ist aber im Zusammenhang nicht schwer verständlich zu machen. — 2) Die verminderte Terz löst sich naturgemäss nach innen auf, cis es z. B. nach d d. — 3) In der Gesammttonart möglich auf ♯I, ♯II, ♯IV, ♯V, ♯VI, VII, in C: cis es, dis f, fis as, gis b, ais c, h des; jede in sechs Tonarten, z. B. cis es in C, B, G, F, Es, D. Von diesen am häufigsten: ♯II IV (in Cdur: dis f), ♯IV ♭VI (in Cmoll: fis as), beide auch als melodisches Intervall (aber im harmonischen Satz) nicht selten. — 4) Im Quintsystem der Dreiklänge verbindet sie den ersten und vierten Terzton: as e h fis.

ü6, — 5) die Umkehrung von **v3**, dissonirt wegen der grösseren Tonferne milder und verständlicher und ist das alltägliche harmonische Hauptintervall des übermässigen Sextaccordes. — 6) Gesammttonart I, ♭II, ♭III, IV, ♭VI, ♭VII, in C: c ais, des h, es cis, f dis, as fis, b gis. Jede in sechs Tonarten, z. B. es cis in Es, D, C, B, G, F. Diese kommen im harmonischen Satz alle vor, bei weitem am häufigsten ♭VI ♯IV (in C: as fis), demnächst, aber schon viel seltener: ♭II VII (in C: des h). — Enh. s. c d 252. Das Intervall der **v3** findet sich in vorliegendem Lexikon Nr. *15*, *28*, 30, *34*, *36*, *39*, *48*, *58*—*60*, 63—65, *69*—*72*, 75, 77—80, 89—91, 94—96, 99, 100, 102, 105, 109, 110. 112, 116, 125, 129, *134*, *139*, *140*, 141, 143, 144, 147, 150, 151, *156*, 158, 161, *164*, 168, 178, 183, 184, 186, 193, *194*, 197, 211, 212, 214, 215, 218, 219, *222*, 222b, 223, 227, 230, 236, 241, 243, 246, *248*, 254, 263, 264, *272*, 274, 279, 280, 286, 287, *289*, 294, 300b, 307, 309, die schräg gedruckten mit Compositionsbeispiel.

ü1, übermässige Prime, c cis — 1) schärfste absolute Dissonanz des 310. halben Tones, ausser Zusammenhang mit der an sich verständlicheren **k2** zu verwechseln, weil diese als diatonischer Halbton der Auffassung näher liegt, als der chromatische Halbton der **ü1**. — 2) Die nächstliegende Beziehung der **ü1** (= **ü8**) richtet sich auf

ü1 ü1 dü1 : c cis cisis

310. die g2, z. B. c cis in c d, da diese sich nun wieder auf die 3 *(h d)* bezieht, so überspringt die ü1 zuweilen die g2 und schreitet sofort in die 3, c cis in unserem Beispiel in *h d* oder *b d*. Mehrstimmige Beispiele in der Don Juan-Ouvertüre. Sie verbindet in nächstliegender Auffassung den Quintton mit dem vierten Terzton, der in die Tonart nur als chromatische Mittelstufe tritt. — 3) In der Gesammttonart ist die ü1 möglich auf I, ♭II, II, ♭III, IV, V, VI, ♭VI, ♭VII z. B. in C: *c cis, des d, d dis, es e, f fis, g gis, a ais, as a, b h*, jede kann in 9 Tonarten vorkommen, z. B. *d dis* in D, Cis, C, H, A, G, F, Fis, E. — 4) Das Fehlen dieses Intervalles (vgl. v4, 4)) ist für den strengen Satz in der Fortschreitung der Einzelstimme charakteristisch, dagegen kommt es im Querstand zweier Stimmen und nach Pausen, denen in harmonischer Hinsicht früher Gewicht beigelegt wurde, zuweilen vor.

v8 als Umkehrung von ü1 hat dieselben Eigenschaften. — 5) Gesammttonart ♯I, II, ♯III, III, ♭IV, ♯V, VI, ♭VI, VII, in C: *cis c, d des, dis d, e es, fis f, gis g, a as, ais a, h b*. Jeder in neun Tonarten, z. B. *cis c* in C, H, B, A, G, F, E, Es, D. — 6) Besonders bei Bach als gleichzeitige steigende und fallende Sexte in melodisch Moll, oder harmonisch Moll des Accordes mit melodisch Moll der Stimme verbunden, häufig. — 7) Als rein melodischer Anfang im Clarinettentrio, op. 11, von Beethoven: *f fis g*, wo die Töne V ♯V VI von Bdur bedeuten. Kommt auch als I ♯I II vor. — Enh. s. *c h* 285. Das Intervall der ü1 findet sich in vorliegendem Lexikon Nr. 7, 8, 15, 15b, 26, 27, 29, 32, 33, 35, 38, 41, 46, 49, 52—54, 57, 59, 61, 63, 67, 73, 78, 85, 87, 89, 90, 94, 95, 97, 98, 100, 107, 108, 113, 114, 116—122, 124, 126—128, 135, 136, 148—152, 154, 155, 157—164, 166, 169, 172, 173, 175, 179, 180, 191, 192, 211, 214, 216, 219, 222, 222b, 236, 241—243, 248, 253, 255, 257, 259—261, 264—266, 269, 270, 275—278, 295, 301, 304, 308, 310, 311.

311. **ü1 ü1 dü1**: *c cis cisis*, von *cis* aus als chromatischer Halbton nach beiden Seiten als II, ♯II, ♭II Hdur. — Enh. s. *c d cis* 266 B.

312. **ü3, übermässige Terz**, *c eis*, — 1) als relative Dissonanz schwer vor der Verwechselung mit der r4 zu bewahren. Diese ist eine so vollkommene Consonanz, dagegen die ü3 eine so schwer verständliche Dissonanz, dass das Ohr nur durch Zusammenklang

mit anderen Dissonanzen, oder einen entschieden einwirkenden 312.
Zusammenhang ü3 aufzufassen vermag. — 2) In Anlehnung an
ü4: *c eis* aufgelöst nach *h eis* oder *c fis*; an r5: *c eis* in *h fis*.
ges h in *ges c* wiederholt im zweistimmigen Satz in Beethoven's
Fdurquartett. op. 59, erster Satz, wo auch die nächstliegende Beziehung ♭VI und ♯I auf ♭VI und II (oder V und II) zu Tage
tritt. — 3) In der Gesammttonart möglich auf ♭II, ♭III, IV,
♭VI, ♭VII, in C: *des fis, es gis, f ais, as cis, h dis*, jede ü3 in
fünf Tonarten z. B. *c eis* in H, A, G, E, D.

v6 hat als Umkehrung dieselbe harmonische Bedeutung. Ihr
enharmonisches Verwechslungsintervall ist die r5. — 4) Gesammttonart: ♯I, ♯II, ♯IV, ♯V, ♯VI, in C: *cis as, dis b, fis des, gis es,
ais f*, jede in fünf Tonarten, z. B. *eis c* in E, D, H, A, G. —
Enh. s. *c g*, 3. Das Intervall der ü3 findet sich in vorliegendem
Lexikon Nr. 30. *36*, *61—64*, *66*, 72, 73, 77, 78, 80, *88*, 91, 92,
95, 96, 99, 101, 102, 109, *129*, *130*, *135*, 136, 148, 149, 160, 163,
164, 170—173, *176*, 180, 181, 185, 186, 191, *194b*, *198*, *202*,
206, 207, *210*, 213, 220, 221, 224, 225, *226*, 227, 228, 232, 233,
235, 237, *245*, 246, *247*, *250*, 255, 256, 258, 260, 262, 281, 287,
288, 290, 291, 296, *312*, die schräg gedruckten mit Compositionsbeispiel.

dv5, doppeltverminderte Quinte, *c geses, c fisis,* ist — 1) als relative 313.
Dissonanz mit der r4 zu verwechseln, so dass sie eigentlich
selbst im Zusammenhang nicht als Dissonanz in die Empfindung
tritt. Dennoch ist sie nicht selten, wenn sie sich als ♯II ♭VI
auf III V bezieht, z. B. als *dis as* auf *e g* in Cdur. Doch schwankt
auch hier die Empfindung sowie die Schreibart der Componisten
merklich zwischen Dreiklangswechsel und Dissonanzauflösung,
zwischen: *c es as, c e g* und: *c dis as, c e g*. Am nächsten liegt
die Auffassung ihrer Töne als tonal chromatischer Terztöne (im
Zirkel der Dreiklänge des ersten und siebenten Terztones). —
Anm. Nur vier nächste Punkte des Zirkels werden als Quinttöne der Tonart aufgefasst, die folgenden drei als Terztöne, die
weiterhin folgenden als tonal chromatisch, d. h. auf eine schon
vorhandene Tonartstufe als nächst gelegene melodisch bezogen, doch
ist die Terzbestimmung der letzteren wahrscheinlich. Einführung,
III, Anm. 2. — 2) In der Gesammttonart möglich auf ♯II, ♯V,

313. ♯VI in C: *dis as, gis des, ais es,* demnach jede in drei Tonarten, *dis as* z. B. in C, G, F.

dü4 hat als Umkehrung dieselbe harmonische Bedeutung. — 3) Ihr enharmonisches Verwechselungsintervall ist **r5**. — 4) Gesammttonart ♭II, ♭III, ♭VI in C: *des gis, es ais, as dis,* jede in drei Tonarten, *as dis* z. B. in G, F, C. — Enh. s. *c g,* 3. Das Intervall der **dv5** findet sich in vorliegendem Lexikon Nr. *31, 37, 48, 54, 60,* 65, 74, *76,* 79, 92, 96, 107, 111, 113, 119, 120, 122, *131,* 131b, *134, 142,* 145, *156*—159, 170, 175, 177, 179, 180, 181, 188, 190, *195,* 199, 211, *212,* 214, 215, 223—225, 227 bis 230, 237, 242, 243, 246, *251,* 256, 257, 258, 263, 265, 270, 275, 281, 282, 293, 301, 313.

314. dü1, doppeltübermässige Prime (= dü8), *c cisis,* ist 1) abs. Dissonanz des Zweihalbetones, mit dessen einfacherer Gestalt der **g2** sie ausser Zusammenhang immer, im Zusammenhang leicht verwechselt wird. Da beide absolute Dissonanzen sind, ist ihre Unterscheidung von geringer Bedeutung und der Schreibgebrauch der Komponisten schwankend. Ihre nächste Beziehung richtet sich auf die grosse Terz, besonders als ♭II ♯II auf·I III, *des dis* auf *c e* in Cdur. — 2) In der Gesammttonart auf ♭II, ♭VI, in C: *des dis, as ais,* demnach jede in 2 Tonarten, z. B. *des dis* in C und F. — 3) Im Quintsystem erster und achter Terzton. Vgl. 313, 1) Anm.

dv8 hat als Umkehrung dieselbe Bedeutung und findet sich in der Gesammttonart auf ♯II ♯VI, in C: *dis des, ais as,* jede in zwei Tonarten, z. B. *dis des* in C und F. Beethoven, Sonate pathétique, Finale: *ais as,* wo *ais* Durchgang zum figurirten Oberdominantaccord und *as* Vorhalt zu demselben. — Enh. s. *c d,* 252.

Das Intervall der **dü1** findet sich in vorliegendem Lexikon Nr. *31,* 37, *64,* 75, *76,* 79, 80, 92, 96, 104, 106, 108, 112, 115, 117, 118, 120, 122, 128, *131,* 132, 143, 144, 147, 161, 163, *164,* 178, 183, 189, *197,* 200, *210,* 213, 228, 231—233, 240b, *250,* 259, 260, 261, 262, 267, 268, 273, 274, 278, 283, 284, 292, 300, 311, *314,* die schräg gedruckten mit Beispiel.

315. dü2, doppeltübermässige Secunde, *c disis,* — 1) als relative Dissonanz mit der grossen Terz enharmonisch zu verwechseln und kaum jemals zu harmonischem Verständniss zu bringen. Wie jedes complicirtere Intervall durch Anlehnung an ein einfacheres eingeführt wird, so muss sich die **dü2** an die **ü3** anlehnen, und diese ist selbst schon äusserst unselbständig. — 2) In Nr. 304, Notenbeispiel, ist versucht worden, ihr Vorkommen zu erzwingen, wobei sie sich an **ü4** durch oberen und unteren Hülfston lehnt. In wirklichen Compositionen wird sie immer auf enharmonischer Umschreibung beruhen. — 3) In der Gesammttonart ist sie nicht zu finden, kann daher höchstens durch chromatische Durchgänge und Hülfstöne darauf bezogen werden.

dv7 *(cis bb)* ist die Umkehrung derselben und verhält sich in jeder Beziehung ebenso, ihre enh. Consonanz ist die kleine Sexte. Findet sich vielleicht irgendwo als Hülfstöne zur **v5**, z. B. *cis g, his as, cis g.* — Enh. s. *c e.* 133.

Das Intervall der **dü2** findet sich in vorliegendem Lexikon Nr. 54, 109. 110, 116, 119. 124. 159. 191, 193, 212. 215, 225. 228. 235, 237, 242, 243. 251. 261, 262, 272—274. 276, 278, 284, 287, 288. 296. 300 b, *304.* 306, 315.

dv4, doppeltverminderte Quarte, *c feses (c gisis).* — ist relative Dissonanz, wird ausser Zusammenhang mit der **k3** verwechselt, im Zusammenhang auch mit **ü2**. Lässt sich tonal chromatisch Zweifelhaft auf ♯VI. in C *ais des*, bilden.

Ihre Umkehrung, **dü5**, wird mit **g6** und **v7** verwechselt und auf ?II, in C: *des ais,* gebildet. — Enh. s. *c a* 201.

Das Intervall der **dv4** findet sich in vorliegendem Lexikon Nr. *31*, 37, 54, *66*, 77. 80, 105. 106. 110, 112, 114, 115, 117, 128, 132, 148, 149, 160, *176*, 177, 184, 185, 186, *198*. 236. *238*, 240 b, 263. 264. 265, 269, 270, 275, 282. 286. 294. 299. 308, 316, von denen die schräg gedruckten mit Compositionsanführungen versehen sind.

dü3, doppeltübermässige Terz, *c eisis.* — 1) absolute Dissonanz, von der **ü4** nicht zu unterscheiden. — 2) Ihre Umkehrung **dv6** ist von der **v5** nicht zu unterscheiden. — Enh. s. *c fis* 297. — Das Intervall der **dü3** findet sich in vorliegendem Lexikon Nr. 147. 188. 189, 200, 240, 290, 303, 307, 317 ohne Compositionsbeispiel.

v2, verminderte Secunde, *c deses (c his).* — 1) die enharmonische Verwechselung. — 2) relative Dissonanz, die immer als Consonanz des Einklanges empfunden wird, denn der Versuch, sie durch Verschiedenheit der Tonhöhe von dieser zu unterscheiden.

318. würde zu einer unverständlichen Dissonanz, d. i. Kakophonie oder Missklang führen. — 3) Gesammttonart ♯I, ♯II, ♯V, ♯VI. in C: *cis des, dis es, gis as, ais b*.

ü7, die Umkehrung von **v2**, — 4) hat dieselbe harmonische Bedeutung und findet sich in der Gesammttonart auf ♭II, ♭III, ♭VI, ♭VII. in C: *des cis, es dis, as gis, b ais*. — Enh. s. *c c*, 1 und 2.

Das Intervall der **v2** findet sich in vorliegendem Lexicon Nr. *48, 62*, 130, 192, 196, *209, 244*, 268, 280, 283, 295, *298*, 318, wovon die schräg gedruckten Compositionsbeispiele enthalten.

319. dv3, doppeltverminderte Terz, *c eseses = cis eses (c aisis)*, — 1) absolute Dissonanz des halben Tones, von der kleinen Secunde oder übermässigen Prime nicht zu unterscheiden. — Enh. s. *c h* 285. Das Intervall der **dv3** findet sich in vorliegendem Lexicon Nr. 199, 239. 303 b, 319 ohne Compositionsbeispiele.

320. dü7, doppeltübermässige Septime, *c hisis*. — 1) absolute Dissonanz des halben Tones in der höheren Octave, kann sich nur durch ungenaue, flüchtige Schreibart ergeben, wie *ges fisis* bei Raff: Weltende, an Stelle von *ges g*. — 2) Da dieses Intervall grösser ist als die Octave, gestattet es die Umkehrung nur in der zweiten Octave als **dv9**, eine **dv2** wäre Nonsens, gleich der **vI**, da die doppeltverminderte Secunde grösser wäre als die verminderte, vermindern aber kleiner machen heisst. (Vgl. Elementarlehre, vierte Auflage, § 109.) Käme ein solches Intervall vor, so müsste man eine andere Bezeichnung dafür wählen.

dv9
dü7

Vgl. Nr. 250 A). — Enh. s. *c h*, 285. — Vgl. Nr. 245 mit Anführung von Raff.

321. Drei- und mehrfach verminderte und übermässige Intervalle. Nach den elementaren Regeln der Notenschrift ist es möglich, durch Anlehnung an doppelte auch drei- und vierfache Intervalle herzustellen. Es kommen dabei zunächst diejenigen doppelten in Betracht, deren Vorkommen überhaupt oben constatirt ist, die **dv5** (= **dü4**) und **dü1** (= **dü** und **dv8**). Nach der Regel über die Schreibart des zurückführenden halben Tones (Hülfsnote) wird dieser immer diatonisch geschrieben. Hiernach könnte man von der doppeltübermässigen Quarte *as dis* durch obere und untere Hülfsnote, *bb cisis*, eine dreifach übermässige Secunde, von der doppeltübermässigen Octave *ces cis* durch obere und untere Hülfsnote *deses his* eine dreifach übermässige Sexte erhalten. Diese Intervalle haben aber für die musikalische Empfindung keine harmonische Bedeutung, sondern nehmen diejenige ihrer einfachsten enharmonischen Verwechselungen an, die jedesmal einen dem Dreiklang oder der Tonart naheliegenden Zusammenklang ergeben. *bb cisis* z. B. ist *a d*, *deses his* ist *c c*. Wo die Schrift einmal drei- oder vierfache Intervalle aufweist, — wovon indessen dem Verf. in der Composition kein Fall erinnerlich, — da ist schon der vorhergehende Accord enharmonisch verschrieben und sollte verwechselt oder die elementare Schreibregel der harmonischen Bedeutung geopfert werden. Obige Fälle würden also von den Componisten nicht: 321.

(a)   (h)

geschrieben werden. Mit den dreifachen fallen auch die vierfachen Intervalle und das einzige innerhalb der Grenzen der 35 Töne unserer Notenschrift mögliche fünffache der fünffach übermässigen Quarte (gleich fünffach verminderter Quinte): *feses hisis*.

Aus dem früher Mitgetheilten ergiebt sich, dass dü2, dv4, dü3, dv3, dü7 und möglicherweise auch v2 fast in derselben Lage sind, im Wesentlichen sich also die Zahl der Intervalle auf rl (r8),

321. r5. g3. k3. g2. k2. ü4, ü2. v4, v3, ül. ü3, dv5, dül und ihre Umkehrungen beschränkt, von denen im Durgeschlecht nur die sieben ersten, r1—ü4, nur Consonanzen und absolute Dissonanzen vorkommen, in Moll die beiden folgenden relativen Dissonanzen, ü2, v4, hinzutreten, während die übrigen chromatisch, zum Theil vielleicht enharmonisch sind.

Die Schrift erreicht ihren höchsten Grad der Vollkommenheit, wenn sie der Tonempfindung entspricht: daher schreiben die Componisten oft und mit Recht die complicirteren relativen Dissonanzen als Consonanzen, weil sie ja doch als solche empfunden werden, z. B. *c e g* statt *c e fisis*.

Die vorstehenden Notenbeispiele sind demnach so aufzufassen, dass die abgeleitete chromatische Gestalt *(c as dis fis)* zu ihrem diatonischen Ursprung *(c a d f)* zurückkehrt, und die Tonschrift soll die einfacheren dieser Bedeutung entsprechenden Zeichen statt complicirter, der harmonischen Bedeutung nicht angemessener wählen, was denn auch in der Regel geschieht.

Dreifach ül s. Nr. 246.

Anm. Das Tonsystem der Musiker ist unfehlbar, weil es auf einem contradictorischen Gegensatz beruht. Es theilt nämlich alle Töne in harmonische und harmoniefreie. Solange sie sich auf die Anschauung verlassen, stimmen die Musiker in der Regel überein, und aus dem Bewusstsein dieser Einigkeit, verbunden mit der abstractionsfeindlichen Natur des Künstlergeistes, entspringt ihre Abneigung gegen systematische Theorie. Da sich aber der Uebergang von der Anschauung zum Begriff auf allen Gebieten des Geistes mit Nothwendigkeit vollzieht, so gehört es zu den Aufgaben der Musikwissenschaft, die Grenzen jener empirischen Bestimmungen begrifflich festzustellen, und dafür bietet das vorliegende Lexikon reichliches Material.

Uebersicht

der
Zusammenklänge des Lexikons nach dem Quintenzirkel.

	Nr.		Nr.
c c	1	c g a	83
		c g a e, Nbsptacc.	19
c c	2	c g a e h	B 10
		c g a e h fis	B 6
c g	3	c g a e h fis dis, sg. Trzdacc.	5
c g d, sog. Quartquintacc.	25	c g a e fis, sg. Terzdecacc.	B 18
c g d a	12	c g a e fis cis	7
c g d a e h fis	4	c g a e fis dis, sg. Terzdcacc.	17
c g d a h fis	6	c g a h	B 50
c g d a fis, sg. Undecimen-		c g a h fis	20
accord	11	c g a fis, sg. Undecacc.	82
c g d e	21	c g a fis dis	B 80b
c g d e h	10	c g u cis	53
c g d e h cis	8	c g a gis	85
c g d e cis	B 26	c g a dis	86
c g d h	22	c g a ais	89
c g d fis, unv. sg. Undcacc.	B 23	c g a eis	91
c g d cis	B 26	c g a cisis	92
c g d gis	B 27	c g e, Durdreiklang	44
c g d dis	29	c g e h, Nbsptacc.	16
c g d ais	B 28	c g e h dis	13
c g d eis	B 30	c g e h cis ais	B 15
c g d gisis	B 31	c g e fis, unv. sg. Terzdcacc.	51

	Nr.		Nr.
c g e fis ais	39	c g gis dis	35
c g e cis	49	c g gis ais	B 100
c g e gis	41	c g gis eis	B 95
c g e dis	56	c g gis cisis	B 119
c g e ais, übm. Sextaccord dritter Form.	58	c g gis gisis	B 128
		c g dis	123
c g e ais fisis	48	c g dis ais	34
c g e eis	63	c g dis eis	99
c g e his	62	c g dis cisis	111
c g e cisis	65	c g dis gisis	115
c g e gisis	66	c g ais	B 125
c g h	B 68	c g ais eis	36
c g h fis	24	c g ais cisis	B 79
c g h cis	B 67	c g ais gisis	B 112
c g h gis	B 57	c g eis	B 129
c g h dis	B 43	c g eis cisis	B 96
c g h ais	B 70	c g eis gisis	B 80
c g h eis	B 72	c g his	B 130
c g h cisis	B 76	c g fisis	131b
c g fis	B 103	c g cisis	B 131
c g fis cis	32	c g cisis gisis	37
c g fis gis	B 97	c g gisis	B 132
c g fis dis	93		
c g fis ais	B 71	c d	252
c g fis eis	B 102	c d a	B 83
c g fis cisis	B 108	c d a e	B 21
c g fis gisis	B 106	c d a e fis, gr. Nonenacc.	14
c g fis disis	B 110	c d a h	81
c g cis	B 121	c d a h fis	18
c g cis gis	33	c d a fis, Dominantsptacc.	47
c g cis dis	B 98	c d a fis dis	46
c g cis ais	B 94	c d a cis	B 52
c g cis eis	B 78	c d a gis	B 84
c g cis cisis	B 122	c d a dis	B 87
c g cis gisis	B 120	c d a ais	B 90
c g cis disis	B 117	c d a eis	B 88
c g gis	B 127	c d e	165

	Nr.		Nr.
c d e h .	50	c d cis ais .	. B 222
c d e h gis	37b	c d cis eis .	. 173
c d e fis, grosser Nonen-		c d cis gisis	. . B 265
accord unv. .	137	c d cis disis	. B 261
c d e fis ais*)		c d gis .	. . B 271
c d e cis .	152	c d gis dis .	98
c d e gis . . .	. 138	c d gis ais .	. . 254
c d e dis	B 166	c d gis eis	. B 226
c d e ais, unv. alterirter**)		c d gis fisis	. B 258
grosser Nonenaccord.	. B 168	c d gis cisis	. B 268
c d e eis	B 169	c d gis gisis	. . B 275
c d e fisis	B 170	c d gis disis	. B 273
c d h	. B 217	c d dis . .	277
c d h fis	B 51	c d dis ais .	100
c d h cis . . .	216	c d dis eis . .	255
c d h gis . .	. B 205	c d dis fisis . .	. . 180
c d h gis eis .	202	c d dis gisis	. B 270
c d h dis	154	c d dis disis	B 278
c d h ais . . .	B 218	c d ais, unvollständ. alter.	
c d h eis .	. B 220	Dominantseptimenacc.	. B 279
c d h fisis	B 224	c d ais eis	. B 99
c d fis, unv. Dmsptacc. .	174	c d ais fisis	. B 227
c d fis cis	67	c d ais gisis	. B 263
c d fis gis .	167	c d ais disis . . .	. B 276
c d fis dis	B 155	c d eis . . .	B 278b
c d fis ais, alt. Dmsptacc.	140	c d eis fisis	256
c d fis eis	171	c d eis gisis	. . 181
c d fis fisis . .	179	c d eis disis	. . B 262
c d fis gisis	177	c d his .	. B 280
c d cis . .	. B 266	c d fisis . .	. B 281
c d cis gis . . .	97	c d fisis disis	. B 228
c d cis dis .	253	c d cisis .	283

*) Fehlt. d fis ais c e, d c fis ais e. Modern nicht seltener alterirter gr. Nonenaccord mit erhöhter Quinte. Vgl. c a h dis fisis.

**) Alterirte (alt.) Accorde gehören der tonalen Chromatik an, Nebenaccorde der diatonischen Tonart. Derselbe Accord kann Haupt-, Neben-, alterirter Accord sein, z. B. c e g in Cdur, Emoll, Hmoll.

	Nr.		Nr.
c d gisis	B 282	c a fis ais .	150
c d disis	B 284	c a fis eis	206
		c a fis his	209
c a	201	c a fis fisis	211
c a e, Molldreiklang . .	B 44	c a fis cisis	210
c a e h	B 22	c a fis disis	212
c a e h fis	B 11	c a cis	162
c a e h fis dis . . .	9	c a cis gis	57
c a e fis	B 47	c a cis dis	155
c a e fis dis . . .	B 45	c a cis ais	151
c a e cis	38	c a cis eis	135
c a e gis	B 40	c a cis fisis	158
c a e dis, unv. Terzdeacc.	B 55	c a cis cisis	163
c a e ais	B 59	c a cis disis	159
c a e eis . . .	B 61	c a gis	234
c a e fisis	B 60	c a gis dis	B 93
c a e cisis	B 64	c a gis ais	222
c a e gisis	B 61	c a gis eis .	207
c a h	217	c a gis fisis	230
c a h fis	B 82	c a gis cisis	233
c a h fis dis, kl. Nonenacc.	45	c a dis, unv. vrm. Sptacc.	239
c a h fis dis ais	15	c a dis ais	94
c a h cis	B 152	c a dis eis	226
c a h gis	204	c a dis fisis, alt. vermind.	
c a h dis, unv. kl. Nonacc.	153	Septimenaccord. . . .	156
c a h dis fisis, alt. kleiner		c a dis cisis	232
Nonenaccord	134	c a dis disis	242
c a h ais	219	c a dis aisis	240b
c a h eis . .	221	c a dis eisis	240
c a h fisis	223	c a ais	248
c a h disis	B 225	c a ais eis	95
c a fis, vrm. Dreiklang .	208	c a ais fisis	214
c a fis cis	B 49	c a ais cisis	164
c a fis cis dis	B 46	c a ais disis	243
c a fis gis	205	c a eis	247
c a fis gis dis	80b	c a eis fisis	227
c a fis dis, vrm. Sptacc. .	203	c a eis cisis	213

	Nr.		Nr.
c a eis disis	237	c e cis cisis	B 161
c a his	244	c e cis gisis	B 160
c a fisis, alt. vrm. Drkl. .	249	c e gis, übm. Dreiklang .	146
c a fisis cisis	96	c e gis dis	43
c a fisis disis . .	215	c e gis ais	B 140
c a cisis	250	c e gis eis .	B 135
c a cisis disis . . .	228	c e gis fisis .	B 142
c a disis	251	c e gis cisis	B 143
		c e gis gisis . .	B 148
c e	133	c e gis aisis	B 145
c e h, unv. Nbspt. . . .	68	c e gis eisis	B 147
c e h fis	23	c e dis, unv. Terzdcacc. .	B 187
c e h cis .	52	c e dis ais	71
c e h cis gis	15b	c e dis eis	B 173
c e h gis, Nbspt. Moll III	40	c e dis fisis	141
c e h dis, unv. Terzdcacc.	42	c e dis cisis . .	B 183
c e h ais	69	c e dis gisis	B 185
c e h eis . . .	73	c e dis disis . - . .	B 192
c e h fisis	74	c e dis aisis .	B 190
c e h cisis . .	75	c e dis eisis	B 189
c e h gisis	77	c e ais, überm. Sextaccord	
c e fis, unv. kl. Sptacc. .	B 174	1. Form	B 194
c e fis cis . . .	B 53	c e ais eis	78
c e fis gis	B 138	c e ais fisis, übm. Sextacc.	
c e fis dis, unv. Terzdcacc.	B 153	4. Form	156
c e fis ais, übm. Sextacc.		c e ais cisis . . .	144
zweiter Form . . .	139	c e ais gisis	B 186
c e fis eis	B 172	c e eis	B 194b
c e fis fisis	B 175	c e eis fisis	B 180
c e fis cisis	B 178	c e eis cisis	B 164
c e fis gisis	B 176	c e eis gisis . .	149
c e cis . . .	B 162	c e his	B 196
c e cis gis	B 41	c e fisis, alt. vrm. Sptacc.	B 195
c e cis dis . . .	B 154	c e fisis cisis	79
c e cis ais . . .	B 150	c e fisis gisis .	B 181
c e cis eis . . .	136	c e cisis	B 197
c e cis fisis . . .	B 157	c e cisis gisis .	80

	Nr.		Nr.
c e gisis	B 198	c h dis fisis, alt. kl. Nnacc.	142
c e aisis	B 199	c h dis cisis	182
c e eisis	B 200	c h dis gisis	184
		c h dis disis	191
c h	285	c h dis eisis	188
c h fis	103	c h ais	289
c h fis cis	26	c h ais eis	102
c h fis gis	84	c h ais fisis	B 230
c h fis dis, unv. kl. Nnacc.	55	c h ais cisis	183
c h fis ais	B 69	c h ais gisis	286
c h fis eis	101	c h ais disis	B 287
c h fis fisis	107	c h eis	291
c h fis cisis	104	c h eis fisis	258
c h fis gisis	105	c h eis cisis	B 232
c h fis disis	109	c h eis gisis	186
c h cis	266	c h eis disis	288
c h cis gis	B 85	c h his	295
c h cis dis	166	c h fisis	293
c h cis ais	B 219	c h fisis cisis	B 111
c h cis eis	172	c h fisis gisis	263
c h cis fisis	257	c h fisis disis	B 237
c h cis cisis	259	c h cisis	292
c h cis gisis	264	c h cisis gisis	112
c h cis disis	260	c h cisis disis	262
c h gis, unv. Nbsptaccord III Moll	B 234	c h gisis	294
		c h disis	296
c h gis dis	B 56		
c h gis ais	218	c fis	297
c h gis eis	B 206	c fis cis	121
c h gis fisis	229	c fis cis gis	27
c h gis cisis	B 231	c fis cis dis	87
c h gis gisis	B 236	c fis cis ais	59
c h gis disis	B 235	c fis cis eis	B 73
c h dis, unv. kl. Nonenacc.	187	c fis cis fisis	113
c h dis ais, unv. alt. kl. Nonenaccord	70	c fis cis cisis	118
		c fis cis gisis	114
c h dis eis	B 171	c fis cis disis	116

c cis cisis gisis 97

	Nr.		Nr.
c fis gis .	271	c fis gisis	B 299
c fis gis dis	B 86	c fis disis	B 300b
c fis gis ais .	168		
c fis gis eis .	B 221	c cis	310
c fis gis fisis	B 257	c cis gis	127
c fis gis cisis	267	c cis gis dis	B 29
c fis gis gisis .	269	c cis gis ais	90
c fis gis disis	272	c cis gis eis .	61
c fis dis, unv. vrm. Sptacc.	B 239	c cis gis fisis	B 107
c fis dis ais, alt. vermind.		c cis gis cisis	B 118
Septimenaccord .	B 58	c cis gis gisis	126
c fis dis eis .	220	c cis gis disis	124
c fis dis fisis	157	c cis dis	B 277
c fis dis cisis	231	c cis dis ais	B 89
c fis dis gisis	238	c cis dis eis	169
c fis dis disis	B 241	c cis dis fisis	175
c fis ais. unv. übm. Sext-		c cis dis cisis	B 259
accord .	194	c cis dis gisis	B 269
c fis ais eis .	72	c cis dis disis	276
c fis ais fisis	B 158	c cis ais	B 248
c fis ais cisis	143	c cis ais eis	B 63
c fis ais gisis	B 184	c cis ais fisis	B 211
c fis ais disis	193	c cis ais cisis	161
c fis eis	194	c cis ais gisis	236
c fis eis cisis	B 233	c cis ais disis	241
c fis eis gisis	185	c cis eis	194b
c fis eis disis	287	c cis eis fisis	B 179
c fis eis aisis	290	c cis eis cisis	B 163
c fis his	298	c cis eis gisis	148
c fis his cisis	268	c cis eis disis	B 191
c fis fisis	B 301	c cis his disis	192
c fis fisis cisis	119	c cis fisis	301
c fis fisis gisis	270	c cis fisis cisis	122
c fis fisis disis	B 243	c cis fisis gisis	275
c fis cisis	B 300	c cis fisis disis	B 242
c fis cisis gisis	B 115	c cis cisis	311
c fis cisis disis	274	c cis cisis gisis	128

Hussler, Lexikon.

c cis cisis disis

	Nr.		Nr.
c cis cisis disis . . .	278	c gis aisis	303b
c cis gisis	B 308	c gis eisis	307
c cis disis	304		
		c dis . . .	302
c gis	305	c dis ais	125
c gis dis	B 123	c dis ais eis	30
c gis dis ais . . .	28	c dis ais fisis, alt. vermind.	
c gis dis eis	88	Septimenaccord (?) . .	60
c gis dis fisis	B 74	c dis ais cisis	B 75
c gis dis cisis	B 104	c dis ais gisis	B 105
c gis dis gisis . . .	B 114	c dis ais disis . . .	B 116
c gis dis disis . . .	B 124	c dis eis	278b
c gis ais	279	c dis eis fisis	170
c gis ais eis	B 91	c dis eis gisis	176
c gis ais fisis	B 223	c dis eis disis	B 260
c gis ais cisis	178	c dis his . . .	B 244
c gis ais gisis	B 264	c dis fisis	195
c gis ais disis . . .	B 272	c dis fisis cisis	76
c gis eis	B 247	c dis fisis gisis . .	B 177
c gis eis his . . .	B 62	c dis fisis disis	B 159
c gis eis fisis	224	c dis fisis aisis . . .	145
c gis eis cisis . . .	B 210	c dis fisis eisis . . .	B 188
c gis eis gisis . . .	160	c dis cisis	B 292
c gis eis disis	235	c dis cisis gisis . . .	106
c gis eis hisis	245	c dis cisis disis . . .	261
c gis eis cisisis . .	B 246	c dis cisis eisis . . .	189
c gis his	196	c dis gisis	299
c gis fisis	B 293	c dis gisis disis . . .	117
c gis fisis cisis	108	c dis disis	B 304
c gis fisis gisis . . .	265	c dis gisis eisis . . .	B 240
c gis fisis aisis . . .	190	c dis eisis	303
c gis cisis	300		
c gis cisis gisis . .	120	c ais	309
c gis cisis disis . . .	273	c ais eis	129
c gis cisis aisis .	B 240b	c ais eis cisis . . .	64
c gis gisis . . .	308	c ais eis gisis	B 77
c gis disis .	306	c ais eis disis	B 109

	Nr.		Nr.
c ais his	280	c his cisis	B 283
c ais fisis	B 249		
c ais fisis cisis	B 65	c fisis	313
c ais fisis disis	B 212	c fisis cisis	131
c ais fisis cisisis	246	c fisis cisis gisis	31
c ais cisis	197	c fisis gisis	232
c ais cisis eisis	147	c fisis disis	B 251
c ais gisis	B 294	c fisis aisis	199
c ais gisis disis	110		
c ais disis	300b	c cisis	314
c ais eisis	B 307	c cisis gisis	132
		c cisis disis	284
c eis	312	c cisis aisis	
c eis his	130	c cisis eisis	200
c eis fisis	281		
c eis fisis cisis	B 92	c gisis	316
c eis fisis disis	225		
c eis cisis	B 250	c disis	315
c eis cisis gisis	B 66		
c eis gisis	198	c aisis	319
		c eisis	317
c his	318		
c his fisis	B 131	c hisis	320

Transpositionstafel.

1. Ordne den gegebenen Zusammenklang nach dem Quintenzirkel Feses bis Hisis.
2. Stelle seine Nummern in der Reihe fest, die mit seinem ersten Ton links beginnt.
3. Die gleichen Nummern der fetten mit C beginnenden Reihen bilden denselben Zusammenklang in der „Uebersicht". Schlage diesen und darnach die Nummer im Lexikon auf.

1	2	3	4	5	6	7	8	9	10	11	12	13	14	15	16	17	18	19	20
C	G	D	A	E	H	Fis	Cis	Gis	Dis	Ais	Eis	His	Fisis	Cisis	Gisis	Disis	Aisis	Eisis	Hisis
Feses	Ceses	Geses	Deses	Ases	Eses	Bb	Fes	Ces	Ges	Des	As	Es	B	F	C	G	D	A	E
Ceses	Geses	Deses	Ases	Eses	Bb	Fes	Ces	Ges	Des	As	Es	B	F	C	G	D	A	E	H
Geses	Deses	Ases	Eses	Bb	Fes	Ces	Ges	Des	As	Es	B	F	C	G	D	A	E	H	Fis
Deses	Ases	Eses	Bb	Fes	Ces	Ges	Des	As	Es	B	F	C	G	D	A	E	H	Fis	Cis
Ases	Eses	Bb	Fes	Ces	Ges	Des	As	Es	B	F	C	G	D	A	E	H	Fis	Cis	Gis
Eses	Bb	Fes	Ces	Ges	Des	As	Es	B	F	C	G	D	A	E	H	Fis	Cis	Gis	Dis
Bb	Fes	Ces	Ges	Des	As	Es	B	F	C	G	D	A	E	H	Fis	Cis	Gis	Dis	Ais
Fes	Ces	Ges	Des	As	Es	B	F	C	G	D	A	E	H	Fis	Cis	Gis	Dis	Ais	Eis
Ces	Ges	Des	As	Es	B	F	C	G	D	A	E	H	Fis	Cis	Gis	Dis	Ais	Eis	His
Ges	Des	As	Es	B	F	C	G	D	A	E	H	Fis	Cis	Gis	Dis	Ais	Eis	His	Fisis
Des	As	Es	B	F	C	G	D	A	E	H	Fis	Cis	Gis	Dis	Ais	Eis	His	Fisis	Cisis
As	Es	B	F	C	G	D	A	E	H	Fis	Cis	Gis	Dis	Ais	Eis	His	Fisis	Cisis	Gisis
Es	B	F	C	G	D	A	E	H	Fis	Cis	Gis	Dis	Ais	Eis	His	Fisis	Cisis	Gisis	Disis
B	F	C	G	D	A	E	H	Fis	Cis	Gis	Dis	Ais	Eis	His	Fisis	Cisis	Gisis	Disis	Aisis
F	C	G	D	A	E	H	Fis	Cis	Gis	Dis	Ais	Eis	His	Fisis	Cisis	Gisis	Disis	Aisis	Eisis
C	G	D	A	E	H	Fis	Cis	Gis	Dis	Ais	Eis	His	Fisis	Cisis	Gisis	Disis	Aisis	Eisis	Hisis
1	2	3	4	5	6	7	8	9	10	11	12	13	14	15	16	17	18	19	20

	1	2	3	4	5	6	7	8	9	10	11	12	13	14	15	16	17	18	19	20
C	C	G	D	A	E	H	Fis	Cis	Gis	Dis	Ais	Eis	His	Fisis	Cisis	Gisis	Disis	Aisis	Eisis	Hisis
G		G	D	A	E	H	Fis	Cis	Gis	Dis	Ais	Eis	His	Fisis	Cisis	Gisis	Disis	Aisis	Eisis	Hisis
D			D	A	E	H	Fis	Cis	Gis	Dis	Ais	Eis	His	Fisis	Cisis	Gisis	Disis	Aisis	Eisis	Hisis
A				A	E	H	Fis	Cis	Gis	Dis	Ais	Eis	His	Fisis	Cisis	Gisis	Disis	Aisis	Eisis	Hisis
E					E	H	Fis	Cis	Gis	Dis	Ais	Eis	His	Fisis	Cisis	Gisis	Disis	Aisis	Eisis	Hisis
H						H	Fis	Cis	Gis	Dis	Ais	Eis	His	Fisis	Cisis	Gisis	Disis	Aisis	Eisis	Hisis
Fis							Fis	Cis	Gis	Dis	Ais	Eis	His	Fisis	Cisis	Gisis	Disis	Aisis	Eisis	Hisis
Cis								Cis	Gis	Dis	Ais	Eis	His	Fisis	Cisis	Gisis	Disis	Aisis	Eisis	Hisis
Gis									Gis	Dis	Ais	Eis	His	Fisis	Cisis	Gisis	Disis	Aisis	Eisis	Hisis
Dis										Dis	Ais	Eis	His	Fisis	Cisis	Gisis	Disis	Aisis	Eisis	Hisis
Ais											Ais	Eis	His	Fisis	Cisis	Gisis	Disis	Aisis	Eisis	Hisis
Eis												Eis	His	Fisis	Cisis	Gisis	Disis	Aisis	Eisis	Hisis
His													His	Fisis	Cisis	Gisis	Disis	Aisis	Eisis	Hisis
Fisis														Fisis	Cisis	Gisis	Disis	Aisis	Eisis	Hisis
Cisis															Cisis	Gisis	Disis	Aisis	Eisis	Hisis
Gisis																Gisis	Disis	Aisis	Eisis	Hisis
Disis																	Disis	Aisis	Eisis	Hisis
Aisis																		Aisis	Eisis	Hisis
Eisis																			Eisis	Hisis
Hisis																				Hisis

Druckfehler-Berichtigungen.

Seite 2 zwischen Zeile 10 und 11 schalte ein: **v2 = ü7**.
- „ 7 Zeile 11 nach „Terzton" schalte ein: VII₁.
- „ 13 „ 12 von unten statt VI lies: ♭VI.
- „ 13 „ 7 von unten statt *a e fis* lies: *a h fis*.
- „ 13 „ 7 von unten in *f c g d a e h* streiche *a*.
- „ 14 „ 2 statt *cis a d g gis h* lies: *cis e d g gis h*.
- „ 15 „ 3 streiche das zweite Kolon.
- „ 15 „ 17 streiche: *c gis eis cisisis* 246 B.
- „ 18 „ 7 setze ein Komma nach „Vorh."
- „ 23 „ 6 von unten vor: „— B)" schalte ein: *c h gis disis* 235 B.
- „ 40 „ 3 von unten statt: *as es f c* lies *as es f e*.
- „ 41 „ 8 statt *d* lies: *dis*.
- „ 48 „ 12 von unten, Randnummer: statt „36" setze: 136.
- „ 62 „ 13 statt 240b lies: 240.
- „ 62 „ 8 von unten statt 239 B lies: 240b B.
- „ 63 Nr. 208, Zeile 5, statt: *c e* oder *g c* lies: *c e* (oder *g*) *c*.
- „ 64 Zeile 8 von unten statt „oder" lies: über.
- „ 64 „ 5 von unten statt: „und VI" setze: und ♭III (*dis* und *es* in *a c dis* und *a c es*).
- „ 64 „ 1 von unten statt „vor" lies: von.
- „ 66 „ 2 von unten setze: „Etwa—beziehen". an den Schluss der Nummer.
- „ 87 „ 1 statt „muss" setze: kann.
- „ 87 „ 20 lies: zweifelhaft mit kleinem z.

In demselben Verlage sind erschienen:

Praktisch-theoretische Elementar-Violin-Schule

von Professor **Heinrich Urban**.

Preis 4,50 Mk.

Im Anschluß daran:

Melodieen für Anfänger im Violinspiel,

gesammelt und eingerichtet, sowie zum Teil frei bearbeitet von

Professor **Heinrich Urban**.

Heft I u. II. Jedes Heft: a) Für 1 Violine. Pr. à Heft 1 Mk. b) Für 2 Violinen. Pr. à Heft 2 Mk. c) Für Violine mit Begleitung des Pianoforte. Pr. à Heft 3 Mk.

Das Werk ist in der "Neuen Kullak'schen Akademie der Tonkunst" und im "Stern'schen Konservatorium" zu Berlin als Lehrstoff eingeführt.

Geschichte der Musik.

Sechs Vorträge über die fortschreitende Entwickelung der Musik in der Geschichte

von **Ludwig Bußler**.

Preis: Eleg. brosch. 3 Mk.; geb. in Orig. engl. Leinen-Band 4 Mk.

Praktische musikalische Kompositionslehre in Aufgaben.

Mit zahlreichen, ausschließlich in den Text gedruckten Muster-, Uebungs- und Erläuterungs-Beispielen nach den Werken der ersten Meister systematisch-methodisch dargestellt von

Ludwig Bußler.

Erster Band: Lehre vom Tonsatz. (Pr. brosch. 12 Mk.; geb. in Halbfr. 14 Mk.) — I. Harmonielehre in 54 Aufgaben. 2. Aufl. (Pr. brosch. 4 Mk.; geb. in Schulbd. 4,50 Mk.) — II. Contrapunkt. a) Der strenge Satz in der musikalischen Kompositionslehre in 52 Aufgaben. (Pr. brosch. 4 Mk.; geb. in Schulbd. 4,50 Mk.) — b) Contrapunkt und Fuge im freien (modernen) Tonsatz in 33 Aufgaben. (Pr. brosch. 4 Mk.; geb. in Schulbd. 4,50 Mk.)

Zweiter Band: Freie Komposition. (Pr. brosch. 12 Mk.; geb. in Halbfr. 14 Mk.) — I. Musikalische Formenlehre in 33 Aufgaben. (Pr. brosch. 4 Mk.; geb. in Schulbd. 4,50 Mk.) — II. Instrumentation und Orchestersatz in 18 Aufgaben. (Pr. brosch. 8 Mk.; geb. in Schulbd. 8,50 Mk.)

Partiturstudium.

Modulation der klassischen Meister

an zahlreichen Beispielen von Bach, Mozart, Beethoven, Wagner u. A.

erläutert von

Ludwig Bußler.

Preis: Eleg. brosch. 8 Mk.; geb. in Orig. engl. Leinen 9,50 Mk.

Der Kindergarten.

Handbuch
der Fröbelschen Erziehungsmethode, Spielgaben und Beschäftigungen.

Nach Fröbels Schriften und den Schriften der Frau B. von Marenholtz-Bülow bearbeitet von

Hermann Goldammer.

Mit Beiträgen von B. v. Marenholtz-Bülow.

I. Teil: Die Fröbelschen Spielgaben. (Mit 60 Taf. Abbild.) Vierte verbesserte Aufl., brosch. 5,60 Mk., geb. in Orig.-Bd. 7 Mk.
II. Teil: Die Beschäftigungen des Kindergartens. (Mit 60 Taf. Abbild.) Vierte verbesserte Aufl., brosch. 4,20 Mk., geb. in Orig.-Bd. 5,60 Mk.
III. Teil: Gymnastische Spiele und Bildungsmittel für Kinder von 3 bis 8 Jahren. Für Haus u. Kindergarten, brosch. 3,60 Mk., geb. in Orig.-Bd. 4,80 Mk.
IV. Teil: Die sprachlichen Bildungsmittel für Kinder von 3—8 Jahren. Für Haus und Kindergarten, brosch. 3,60 Mk., geb. in Orig.-Bd. 4,80 Mk.

☞ Jeder Teil bildet ein abgeschlossenes Ganzes und ist einzeln käuflich. ☜

Dasselbe französische Ausgabe: **Méthode Froebel. Le jardin d'enfants** etc. 2º Edition. 2 Bände in 1 Band brosch. 10 Mk.; in Orig. engl. Leinen geb. 11,50 Mk.

Dasselbe englische Ausgabe: **The Kindergarten** etc. 2 Bände in 1 Band brosch. 10 Mk.; in Orig. engl. Leinen geb. 11,50 Mk.

Das Buch vom Kinde.

Das Kind in den drei ersten Lebensjahren.

Seine Entwickelung, Pflege und Erziehung.

Ein Buch für Frauen und Mütter
von

Hermann Goldammer.

Preis brosch. 6 Mk.; elegant in Original-Leinen gebunden 7,50 Mk.

Friedrich Fröbel,
Begründer der Kindergarten-Erziehung.
Sein Leben und Wirken
dargestellt von
Hermann Goldammer.
Preis 2 Mk.; geb. in engl. Leinen 3 Mk.

Kinderlieder
von
Hermann Kletke.
Gesamtausgabe mit dem Bildnis des Dichters.
Quart-Format. Elegant kart. 4 Mk.